猶太人致富定律

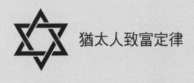

如果不讀書，
行萬里路也不過是個郵差。

猶太人
致富定律

褚兢 著

世界的財富在猶太人的口袋裡，

猶太人的財富在自己的腦袋裡。

用心思考，腦袋就會產生口袋。

毫無疑問，猶太民族是一個聰明的民族、智慧的民族，他們在這個世界上的榮耀是閃著熠熠光芒的。或許我們會認為，猶太人自命為「上帝的選民」。但讀過猶太人的歷史，我們便會知道，猶太人的國家數次被別人占領，二千多年以來，他們一直流離失所——整個民族背井離鄉，無家可歸，這在整個世界上也是不多的。這個民族還多次遭到別人的迫害和打擊，在第二次世界大戰中甚至險些被希特勒為首的德國法西斯「滅種」。

這個民族是在置於死地而後生的境地中頑強地挺過來的。他們之所以能存活於當世，除了善於學習、勤於思考、勇於創造之外，還跟他們作為世界史上最擅長經商理財，最善於聚財致富有關。因為，只有有了足夠的財產，他們才能夠避免衣食之憂，不致仰人鼻息，才能夠拒絕別人的恩賜，擺脫外力的羈絆、欺凌和控制，也才能夠獨立自主地生存和發展。

他們自命為「上帝的選民」，但實際上，在猶太人的生存史中，他們並沒有得到什麼「救世主」的幫助，而完全靠的是他們自己的能來自食其力。從某種意義上，甚至可以這樣說，商業文明是猶太民族生存的基礎，是他們立足於世界的根本和力量。經商的才能，讓這個民族有了克敵致勝的最重要的武器，所以，對他們而言，善於經商，敢於致富，無疑是值得誇耀和驕傲的！

在知識爆炸、財富驟增、人的欲望和需求不斷提升的今天，提高生活的品質、超越自身的成就，已成為人人追求的目標。如今，致富的理念已經深入人心，力爭上游的旗幟正在不遠處朝我們招手。這是一個激情可以點燃的時代，這是一個只要付諸行動，理想就能夠實現的時代，這是一個繁華就在眼前的時代，這是一個機遇與幸運並存的時代，這也是一個檢驗我們的智慧、勇氣、果敢與拼搏的時代！

無論你是一個企業家，或是一個實幹者，無論你在馬斯洛的人生需求理論上為自己確立的目標層級在哪一級，你都需要一個實現自己人生追求的基點，這個基點就是一定量的物質財富。在當今的時代，財富的獲得固然有許多渠道，但倘若你選擇了博擊商海大潮，攪動商戰硝煙的征途，你必須學會和掌握致富的基本原則，而本書想告訴你的就是，世界上為什麼惟獨猶太人最懂得如何致富，他們致富的思考框架到底有哪些，這些理由又具體是什麼。不過，在我們正式闡述猶太人致富的思考框架之前，先向讀者介紹一位美國商人阿爾伯特・哈伯德的商業信條，在讀者們讀過本書之後再來對照一下，看看猶太人經商的理念與之是否有吻合之處！

阿爾伯特・哈伯德的商業信條：

我相信我自己。

我相信自己所銷售的商品。

我相信我所在的公司。

我相信我的同事和助手。

我相信美國的商業方式（等於是猶太民族的商業方式）。

我相信生產者、創造者、製造者、銷售者以及世界上所有正在努力工作的人們。

我相信真理就是價值。

我相信愉快的心情，也相信健康。我相信成功的關鍵並不是賺錢，而是創造價值。創造價值的回報就會自動湧來。

我相信陽光、空氣、菠菜、蘋果醬、酸乳、嬰兒、羽綢和雪紡綢。請始終記住，英語裡最偉大的單詞就是「自信」。

我相信自己每銷售一件產品，就交上了一個新朋友。

我相信當自己與一個人分別時，一定要做到當我們再見面時，他看到我很高興，我見到他也很愉快。

我相信工作的雙手、思考的大腦和愛的心靈。

如果你要成為世界精英，就要學習猶太人的思維：

1・正直地說話
2・正直地做事
3・不說謊
4・拒絕賄賂
5・閉目不見醜惡之事
6・閉耳不聽醜惡之聞

CONTENTS

第7章 張弛有度，進退有節——節制心

第8章 樂善好施，積德造福——慈善心

第1章

獨立意識，不求於人

——自信心

命運掌握在自己手裡

一個鬱鬱不得志的人，帶著對命運的疑問，去拜訪一位禪師。

他問禪師：「您說，真的有命運嗎？」

禪師回答：「是的。」

「那麼，命運到底在哪裡呢？」

禪師讓他伸出自己的一隻手，仔細端詳了一會兒，然後說道：

「你看，你手上的這些紋路，這條橫線叫做愛情線；這條斜線叫做事業線；那麼這條豎線呢，是生命線。」

「這我都知道，我已經找算命先生給我看過了。」

禪師抬頭看看這個人，說了句：「現在你把手握起來，握得緊緊的。」

那人照他的話做了。

禪師問道：「現在你說，剛才我說的那幾根線在哪兒？」

「在我手心裡呀！」那人還是疑惑不解。

「命運呢？」禪師又問。

這一問，那人豁然開悟，明白了人生的重要道理。

每個人都可以發掘出讓人讚嘆的品質

有一個乞丐每天上街乞討，用充滿哀怨的聲音向路人傾訴著自己的不幸。卑恭屈膝，低三下四，他整個的人格早已經發生了扭曲。他自卑自賤，瞧不起自己，那種落魄的氣象和無望的念頭，已經滲透進他的靈魂。

就是這樣一個乞丐，他被住在馬路對面的一位畫家注意到了。畫家準備給他畫一幅畫像，他沒有反對。他想，給我畫像又能畫出個什麼呢？

但是，畫家的想法和他不一樣，畫家總是企圖從別人看不見的地方找出不同來。不久畫完了，畫家把這幅作品交給乞丐，乞丐看過之後十分驚奇：

「什麼，這是誰？難道是我嗎？我可不知道！」

畫家說：「這當然是你，是我眼中的你！」

聽了畫家的話，乞丐的眼中果然閃現出一道光彩！

「是嗎？難道我是這個樣子？太好了！」乞丐說，「我懂了，如果這是您眼中的那個人，那他就會是將來的我。」——那個神采奕奕的畫像人物。

這個故事的寓意當然很明顯：每個人都會有屬於自己的可貴一面，每個人都可能發掘出讓人讚嘆的品質。關鍵是你要看到這一點，至少要堅信這一點。那個乞丐的生活從此以後一定會改變，因為他已經開始確信自己是一個不同於現在那麼卑微無助的人了。

一個更完美的杯子，
總能等來被人使用的機會

有一次，我和幾個同學去拜訪他們中學時代的老師。老師首先關心的是學生們現在的生活和工作情況。話匣子一打開，同學們紛紛講出了各自的牢騷。什麼工作不順呀，戀愛不順呀，做生意遇到阻礙呀等等。老師靜靜地聽著最後，他說：「今天我就不給你們倒水了，口渴的話自己來吧。」

在老師面前，學生們也不客氣。他們牢騷發完了，紛紛拿起杯子喝水。他們看見，茶几上的茶杯各不相同，有好看的，有不那麼美觀的；有新的，也有已經陳舊的。盡管只是喝一杯水，大家還是下意識地挑選自己所中意的茶杯加水。等每個人手中都已經有了茶杯的時候，老師開口說話了：「你們看，我拿來的茶杯各式各樣，現在，剩下的都是你們挑剩下的。」

大家一看，果然剩下的那幾個杯子要不有缺陷，要不有些醜。總之，比起大家拿在手裡的茶杯都不如，大家心裡隱約似有所動。

「如果把人生比做一壺茶，把我們自己比做茶杯的話，當然我們盡量要做一個完美的杯子。縱使做不到完美，也要成為一個能夠吸引人的杯子。要盡量減少自己的缺陷，盡量讓別人看到你的價值。這樣的話，哪怕在有些時候你會被閒置，但是，到了一旦被選擇的時候，你所獲得的機會肯定就會更多。」——老師的一番話，讓我們感悟到與其抱怨不如去充實自己。

你自己就擁有百萬的價值

猶太拉比胡里奧一次在河邊行走，看見那個叫費列姆的年輕人滿面愁容，憂心忡忡，便上前詢問：

「憂鬱的年輕人，你這麼健康，這麼年輕，這麼有活力，你卻在這兒唉聲嘆氣，究竟有什麼事情使你這樣呢？」

費列姆看著好心的胡里奧，搖頭說：

「尊敬的先生，你看看我吧。我可是個名副其實的窮光蛋啊。我既沒有工作，又沒有金錢，更沒有房子，整天吃了上頓愁下頓，連個遮風避雨的地方都沒有。沒有人瞧得起我，我怎麼能不憂愁呢！」

胡里奧聽了他的話，卻笑了起來。

費列姆懷疑地看著拉比，問道：

「我都這個樣子了，您還笑，是笑我真的沒有用嗎？」

「說哪裡話，傻孩子。照我看，你是個百萬富翁呢！」

「您取笑我吧？」費列姆看著自己身上的破衣爛衫說，「我身上可是連一個子兒也沒有哇，您就別拿我這個窮光蛋開心了。」

「我為什麼要拿你尋開心？」胡里奧笑嘻嘻地道，「你可不可以回答我幾個問題？」

「當然可以，只要不是拿我尋開心就行。」

「好的，」胡里奧說，「那麼我問你：假如現在我出價20萬金幣，買走你的健康，你願不願意？」

「當然不願意，」費列姆回答。

「好，我再問你，現在，我要出20萬金幣，買下你的容貌，讓你從現在起變成一個其醜無比的人，你願意不願意？」

「不願意！」費列姆照樣回答得很乾脆。

「很好！」胡里奧繼續問，「假如我再出20萬金幣，買走你的智慧，讓你從此變成一個渾渾噩噩的人，就這樣懵懵懂懂度過一生，你可願意？」

「不願意、不願意！」費列姆把個腦袋搖得像撥浪鼓一樣大聲叫道。

「那我現在最後一次問你：假如現在我給你20萬金幣，讓你去幹些殺人放火的，讓你從此失去良心，你是否願意呢？」

「天哪，幹這種缺德事情，鬼才願意呢！」費列姆氣憤地說。

「好了，我剛才已經出價一百萬金幣，卻買不走你身上的東西，你說，你不是百萬富翁又是什麼呢？」胡里奧大有深意地笑著說。

這下子，費列姆恍然大悟，他知道自己並非一無所有，他暫時只是缺少錢，除此之外什麼都不缺。而有了自己身上的一切，錢是可以賺來的。自此，他不再怨天尤人，他變得自信起來，開始了他的新生活。

在以色列，有一所著名的「鯨魚學校」，這所學校的教育方法可謂獨特異常。他們有一項最引人注目的學習項目，就是讓孩子們在老師帶領下，像古代的探險家那樣，乘坐帆船，在大海上航行。航行並非如同遊覽，而是必須橫渡大西洋，並在大洋上的三個島嶼上停留生活。

在航行期間，孩子們不僅要自己學會駕駛帆船，還要學習做飯、捕魚，完成考察、讀書、與土著民交流、了解島嶼上的風俗民情等課程。在整個階段，大風大浪的考驗自不待言，飢餓與乾渴等等的經歷，也會相伴而來。

但是，凡是上過「鯨魚學校」的孩子，回來後他的人生經驗就更豐富，他對待生活的態度也會發生明顯變化。最要緊的是，他的自信心得到了大幅度地提高，而這份自信，將是他一生用錢也買不到的財富。

邁阿密的兒童銀行

我以為，一個人的自信心來自於兩個方面的基礎：

其一、是建立獨立而健康的人格；

其二、是具備生存的能力和本領。

猶太人的自信心恰恰正是從小逐步從這兩個方面培養起來的。

我手頭有一分資料，講的是一家設在美國佛羅里達州邁阿密市費爾蔡爾德小學裡的「特威格勒特銀行」，讓孩子們從小就學會商業技能的做法。開辦初期，孩子們為了籌集2萬美元的資金，曾向家長、教師、當地銀行職員出售了四百張面值五十美元的股票。

這家銀行的規模不算大，占地面積才一百平方米，一共設有三個櫃台。銀行既然設在學校，可想而知，它的主要服務對象不是成人，而是學校裡的小學生，甚至還包括附近幼兒園的小朋友。銀行的服務項目為：接受儲戶（即那些小學生和幼兒園孩子）的存款，同時給他們發放貸款。其利率浮動與市裡的各家銀行採用同一個標準。

兒童銀行業務不像正規銀行那麼多，所以一般每周只開業兩天，而且營業時間也不長，從下午3點到4點。有人會說，這樣的銀行辦得有什麼價值？它能帶來經濟效益嗎？是的，要是從直接經濟效益上來看，這家銀行的確不會有多少收益，甚至也可能要貼本。但是，從間接來看，從培養孩子們的經濟頭腦和商業操作能力來看，它的作用不可小覷。

在這家銀行裡，孩子們可以把自己平時花不完或節省下來的現金，存進銀行裡面，一旦需要時又可取出。如果哪位孩子家裡需要購買比較大的東西，可以在徵得家長同意的情況下前來銀行貸款。貸款最高限額在二千美元之內，最高年限不超過三年。

幼小的孩子們就這樣通過實際操作，掌握了與銀行相關的一些基本知識，比如點數鈔票、驗證錢幣的真偽、運用電腦記賬出賬、設置自己的個人密碼以及計算利息等等。

這家銀行的創辦，得到了美國國家銀行的支持，而且，當地各家銀行也很樂意幫助兒童銀行的成長。它們每年都會從兒童中挑選幾位骨幹到自己的銀行裡進行培訓，而這些孩子回到學校，又會把自己學到的知識傳授給其他年齡更小的孩子。

在孩子們從事自己的「經營活動」中，學校的老師和孩子們的家長一般不輕易干涉他們的行為，這樣為的是不干擾他們的「經營思路」，以鍛煉他們的能力，增長他們的理財知識。

金錢是萬能的嗎？果真是如此的話，那麼，衣服也是萬能。縱使擁有再多的金錢，也不能改變個人的本質；無論穿上多麼昂貴的錦衣華服，終究無法改變服飾底下的個人。能夠改變個人者，惟其個人本身而已！

凡人不可崇拜物質。拜金主義者之所以顯得可笑，就是因為他們唯錢是問，只知崇拜物質，精神貧乏，空有驅殼所致。

凡人皆欲儘量接近自己所崇拜的事物，並且與之同化。是故，崇拜物質者終將連自己也變得物化。要知道，人並非為了金錢存在於世。這就好像衣服本是為人而做，倘若逆道而行，人就要變成衣架子了。

自信，一個人一生的財富

當然，一個人的自信不光建立在技巧和操作上，同時還建立在品格和意志上。而人的品格和意志是必須從小就培養和教育的。

猶太人在對待子女方面，有自己特別的認識。他們認為，不要以為兩、三歲的孩子什麼都不能幹，這樣想是不符合實際的。其實，孩子從兩歲的時候起，就有了一種什麼事情都想親自動手嘗試的願望，而且，隨著年齡的增長，這種願望會不斷擴展。

在孩子剛剛學會走路的時候，猶太母親在打掃家庭衛生的時候，就會遞給孩子一塊抹布，讓他跟在身後學習擦灰塵；或者讓他幫助拿一些不會摔壞的物品。孩子做得好，必然會增強他的自信心，他以後在接觸類似的事情的時候，就會逐步變得輕鬆自如起來。很多家長不讓孩子從小幹這幹那，也許不是怕孩子累著，而是他們覺得那樣做反而麻煩，不如一切自己動手完成更簡便；殊不知這樣正讓孩子失去了從小鍛煉的機會，長大後再來教育他們有時就會顯得為時已晚。

根據古今中外成功人士的經驗，研究人員發現，一個人在他的一生當中是否能取得成就，並不完全在於他的智商如何，在很多的情況下，更取決於他們的個人意志和品格，取決於他們是否有頑強的精神和高度的自信。

洛克菲勒的遠見和信心

有一個有關洛克菲勒的故事，歷來人們都將它看作是洛克菲勒的一次冒險經歷，但事實上，它卻是洛克菲勒自信心的一個證明。

那是在19世紀60年代，在美國俄亥俄州西北與印地安納州東部交界的地方，新發現了一處油田，叫做利馬油田。那裡的石油雖然蘊藏量不小，但是卻有一個很大的缺陷，就是原油裡有很高的含硫量，含硫量高了，容易產生硫化氫。按當時的技術，要提煉這種油存在很大困難，主要是硫的排除問題解決不了，這樣的話，生產出來的石油品質低，使用價值不高，因此，沒有煉油公司願意購買這種原油。

而洛克菲勒卻想把這塊新發現的油田買下來，因為他相信，假以時日除硫的問題，隨著技術研究的深入，一定能夠解決。但是，當他在公司董事會上提出自己的意見的時候，幾乎遭到大家的一致反對。公司執行委員會的所有成員都以為洛克菲勒的決定是錯誤的，因為，利馬油田的油，行內都稱做「酸油」，酸油的品質太差了，即使開採出來，有人願買，其價格也非常之低，盈利空間不大，弄不好還會虧本。

但是，洛克菲勒卻一意堅持自己的主張，在雙方互不讓步的時候，洛克菲勒甚至發出威脅，宣稱將不惜一切代價去開發這個油田，而且純粹用個人的財產去冒險，去「關心這一產品」。

洛克菲勒是公司最大的股東，他的態度如此強硬，執委會的人不得不低頭。最後，公司出價八百萬美元買下利馬油田，然後，洛克菲勒以每年20萬美元的高薪聘請了一名猶太化學家去研究除硫問題。

兩年之後，實驗仍沒有成功，執行委員會中那些反對者一直沒有中斷他們的牢騷怪話，但是又不能就此中止洛克菲勒的決定。又過了幾年，這位科學家終於找到了石油除硫的方法，一下子，利馬油田的身價騰了起來，八百萬美元買來的油田所產的石油，價格可以翻上數十上百倍了，這下子，大家才不得不佩服洛克菲勒的遠見和他堅持不懈的信心。

如果說，像洛克菲勒和摩根這樣的人，他們對於人生的堅執與進取是天生的、自覺的，那是因為他們屬於傑出的一類人的話，那麼我們普通人呢，我們是不是可以以他們為榜樣，去追求自己的目標，實踐自己的人生呢？答案當然是肯定的。

現代企業管理已經從過去僅憑企業家個人的單打獨鬥發展到聚合團隊的力量，發揮團隊精神去實現共同目標的新階段，這樣，就不僅重視企業家個人的素質，而是重視每一個員工在團隊中的作用。

一個企業要發展，要取得成功，老板的目標設定和實現這一目標的決心固然十分重要，而讓每個員工能夠上下同欲，共創未來的意義也不能小覷。但是，人和人是不一樣的，性格、能力、意志等等的差異，都會使員工們對事業的進取精神顯示出差異。

那麼，現代企業管理學通過和心理學結合，已經發明了培養員工進取心的辦法，這就是，通過進行專門的培訓，逐步改變員工的生活理念，幫助他建立以往所欠缺的一種精神。

「牛仔成功法則」

所謂的「牛仔成功法則」裡面最重要的一點就是兩個字——自信。

在美國，有一個人開辦了一家通訊器材公司，他想尋找一名出色的專業銷售人員來拓展市場。

在招聘人員的時候，來來往往的應聘者都沒有引起他的興趣，後來，出現了一個人，這個人一身牛仔打扮，他上身穿著短袖T恤，T恤上的鈕扣已經脫了線，掛在上面搖搖欲墜。領結歪斜地掛在脖子上，燈心絨的夾克敞開著，與一條顏色不諧的褲子搭在一起，顯得十分不相配。他頭上戴著棒球帽，腳上穿的是牛仔靴，看上去給人以鬆鬆垮垮，不夠嚴謹的印象。但是，他的應聘詞卻很令這個招聘員工的老板興奮。

他說：「先生，請在您的公司網路裡，給我一個感受成功的機會。」這句話，一下子就把那個老板給打動了。

那簡單的一句話裡，包含的意義卻很豐富。

首先，這個「牛仔」打扮的年輕人把這家剛剛創辦的公司稱作「公司網路」，說明他對公司的前景抱有絕對的信心；

其次，他到這裡來不是很單純的來找工作，而是來「感受成功」，說明他對自己的能力也非常自信。

他雖然只有22歲，畢業於農業大學，沒有任何從事通訊器材銷售的經歷，但老板卻從他那「爆棚」的自信裡，看到了他良好的可塑性和無限的潛質，於是將他錄用了。

而這位「牛仔」也的確是一個行為十分果斷的人，在經過短暫培訓之後，他開始上崗。上崗之前，他在自己辦公室的牆上貼上一張字條，上面寫著幾項條款：

我一定要成功。

我每個月拜訪一百位顧客。

我每個月銷售四部通訊系統。

我每個月獲得一千美元報酬。

我將來一定要擁有自己的公司。

一年後，「牛仔」掙到了六萬美元。

三年後，他擁有了這家公司的一半股份。

又過了一年，由於業務不斷擴展，這家公司設立了三家子公司，一個「公司網路」果然建立起來了。

後來，這位老板總結「牛仔」的成功法則，說道：

牛仔每天都以勝利者的姿態對待生活。他相信敲開的門後面會出現幸運。他相信堅持就能抵達理想的彼岸。他相信「成功的心態」會帶來成功。

自信在於與眾不同

美國鋼鐵大王卡耐基小的時候家裡很窮。他整天背著書包上學，卻整天做著發財的夢。他很羨慕那些老板，那些有自己事業的人，那種在商場上叱吒風雲、指揮若定的形象一直在他的腦海裡徘徊。有一天，放學的時候，他經過一個建築工地，那兒正在蓋一幢摩天大樓。卡耐基看見一個老板模樣的人正很神氣地在那兒指揮和調度一撥人，不由心生敬仰。他走上前去問道：

「我長大後怎樣才能成為像您這樣的人呢？」

「第一要勤奮……」

「這我早就知道了，那第二呢？」

「買件紅衣服穿。」

卡耐基對此很不理解：「難道這也與成功有關嗎？」

「有啊，」那人指著前面的一群工人說，「你看他們都穿著清一色的藍色衣服，所以我一個都不認識。」他又指著另外一個工人說：「你看那個穿紅衣服的。就因為他和別人穿得不同，這才引起了我的注意，我認識了他，也發現了他的才能。過幾天，我就要安排一個新的職位給這傢伙。」

卡耐基從此明白一個道理：要取得成功，你必須與眾不同。當然，敢於與眾不同的人，往往都是有個性，同時又充滿自信的人。

再富的人家也要窮孩子

猶太人認為，讓孩子從小「苦」一點，「窮」一點也不是壞事。

澳大利亞的孩子從小就帶得很粗放，還不會走路的孩子，家長帶著去打預防針，並不把他一直抱在手裡，而是放在醫院的地毯上，任他們隨意去爬、去鬧。孩子不小心碰到哪兒哭了，最多也就安慰兩句，絕對不會馬上將他抱起來哄啊拍啊，孩子哭了一陣，自然也就不會再哭。

當孩子們會走路，開始上學以後，家長有意給孩子穿得很少，讓他們的身體盡可能地暴露在空氣裡和陽光下。家長認為，讓孩子多接觸空氣和陽光有益於他們的成長。

一位年薪高達15萬元的公司主管在兩歲的女兒吵著口渴要喝水的時候，他並不是到自動販賣機買僅僅一元一杯的飲料，而是用一個一次性紙杯，去接了一杯自來水給女兒。孩子們學校遠足，家長們給孩子準備的決不是什麼豐盛的食物，一般不過就是一瓶可樂，一個漢堡再加一個水果而已。

在海水浴場，孩子們鬧啊玩啊，一不小心嗆水了，家長最多拍拍孩子的背，說兩句鼓勵的話，孩子被海浪沖了一個跟頭，跌倒在海水裡，父母看見了，卻沒事人一樣，「他自己會爬起來！」孩子們在這樣的教育環境下，很自然地，那些嬌氣、懦弱、膽怯和自卑都會大大減少。

青春不應和富貴相伴，
青春就是要窮

近來的社會出現了一個名詞，叫做「傍老族」。

所謂「傍老族」的含義是，一批年輕的大學畢業生即使已經完成了自己的學業，可是由於社會競爭的激烈，就業的艱難和自己自信力的不足，不願踏上工作的路途。而這些學生家境一般都還不錯，無衣食之憂，於是索性躺在家裡，繼續從父母那裡領取花銷，過著無憂無慮的生活。

這樣的情形，在猶太人那裡恐怕是難以想像的。其實不僅猶太人，即使在西方各國中，這樣的現象也比較罕見。我們曾經提到即使是世界第一富翁的洛克菲勒家族，他們是如何嚴格要求孩子的，他們盡管富可敵國，但卻不會讓孩子長大後還一直吸吮父母的奶水，因為那樣未必是幫他，最後很可能會害了他。因為這樣的孩子最終都會落下一個毛病，就是「長不大」翅膀不硬是無法飛翔的。

那麼，除了猶太人，其它國家的年輕人是如何樹立自己的獨立意識的呢？我們來看幾個例子。

法國青年菲利普是老貴族的後裔，家裡可以說十分的富有。但是，他從讀大學的第一天起，就離開家庭，在巴黎左岸拉丁區租了一間有些破舊的小閣樓。在那間小閣樓裡，他一住就是六年，因為他不僅讀完大學，還一直讀到了博士。在狹窄的閣樓裡，他勤奮地完成著自己的學業，他的打算是，一旦他獲得了藝術史博士學位，將出去找一個能拿全薪的工作，到那時，他將自己貸款買一套大一點的房子住。他很輕鬆地對同學說：「不錯，我家裡是有錢，可那錢是父母的，對我沒有任何意義。我的生活只能靠自己設定。」

萊雅是來自法國平民的一位女孩子，她長得漂亮而性感。但是，她並沒有利用自己的相貌去牟取學業之外的東西。大二的時候，她輟學了，來到一家法語培訓中心打工，為的是積攢一筆學費，好繼續讀完自己的書。其實，父母盡管是平民，他們的收入也足以幫助她完成學業，可她不願意在成人之後還要父母的幫助。她在輟學之前還做過家教。緊張的學習加上晚上工作，使她年輕的臉上始終有一股掩蓋不住的倦意。可是她卻很隨意地說：「青春就是窮嘛！是的，青春就是窮，要不，我們還會去努力奮鬥嗎？」

猶太人經典《塔木德》說：「凡能超越別人的人，都受過兩種教育——一種來自教師，另外一種就是自己。」

長不大的孩子，只接受過前一種教育，而缺乏自己對自己的後一種教育，所以這樣的人以後絕對不可能超過別人，當然也不可能超過父輩。

有一回，有個學生詢問拉比梅亞說：

「為何不教孩子工作可貴的父親，即無異唆使孩子作賊呢？」

拉比聞言答道：

「教導孩子認識工作可貴的父親，猶如留給孩子葡萄園勢必圍上柵欄，使牛羊野狐難以入侵，這就好像邪念無法入侵孩子的心靈一般。」

因為窮，才能做家族的開創者

有兩個猶太人，一個是家世顯赫的青年，另一個則是一貧如洗的牧羊人。這樣兩個人在一起的時候，自然會形成一種對比。家世顯赫的傢伙非常神氣，他總是向牧羊人吹噓自己的家境和自己的祖先，並為祖先的事跡而驕傲不已。牧羊人對於他面前的年輕人並沒有表示出羨慕和尊敬的意思。

他說：

「原來你是那樣偉大的祖先的後代啊！可是，命運誰知道呢。也許你是你們家族最後的一個人，而我卻是我們家族的開創者。」

——《塔木德》

這個故事的寓意可以說是很深的。

從表面上看，故事裡宣揚了世道輪回，興衰無常的觀點，當然也表達了祖先的蔭蔽不可恃的意思，這和孟子所說的「君子之澤，五世而斬」的觀念相同。但是，最重要的是，它表明了，一個人縱然起點再低，只要有一份雄心，有樹立一個目標，他都有成功的可能，都有開創一份偉大事業的希望。

我們從許多猶太人家族的經歷上都可以看出這一點：洛克菲勒、摩根、哈默、希爾頓……這些人都憑著他們執著而不懈的努力，憑著他們頑強奮鬥的精神，成為一個家族的開創者。他們的人生經驗是，不把自己的名字附著在家族先人的族徽上，沾家族的光，而是要讓自己的名字，成為家族的光榮與驕傲。

第2章

不屈不撓，誓達目的
——進取心

約翰・高德的美夢清單

美國的《生活》雜誌在一九七二年的時候，刊登了一位叫約翰•高德的人的故事，這個故事說，有一位叫高德的人，在自己15歲的時候，聽祖母嘆著氣講了一句話：「唉，如果我年輕的時候懂得多嘗試一點事情就好了。」

高德被祖母的感嘆所感動。他來到一張桌子旁，將自己的願望一一詳細列舉出來，裡面一共有127項。那年高德才15歲，15歲正是初生牛犢不怕虎。他把自己的願望命了名，叫「約翰•高德的美夢清單」。

這些夢想，有的也許不難實現，有的實現起來並不是那麼容易。但高德並沒有將難易放在心上，他所想的就是，一定要讓「高德的夢想成真」。

他的這些夢想包括：環游世界，去10條大河探險，登17座高山，重游一次馬可•波羅的旅程，學會開飛機、騎馬，行醫療濟世。還有：讀完《聖經》以及柏拉圖、亞里士多德、狄更斯、莎士比亞等人著作，還要讀完大英百科全書，佈道，結婚生子，搭乘潛水艇，吹笛子和拉小提琴……這些理想不僅內容豐富，而且相互抵牾，裡面充滿年輕人的夢幻和讓人覺得是不切實際的想法。但是，當高德於一九七一年去世的時候，他已經完成了所有127項目標中的103項，他做了四次環球旅行，他甚至到原始人群中替那些未開化的人行醫……高德的壯舉鼓舞了許多美國人乃至美國以外的人。

遇到人生的暴風雨
就給船艙加滿水

一艘貨船行駛在茫茫大海上，突然遭遇到暴風雨。由於回航的貨船上沒有裝載貨物，被風浪顛簸得上下起伏，眼看要翻了。水手們眼看這種情景，心情都十分緊張。

這時，有經驗的船長命令船員們打開所有的貨艙，往裡面注滿水。船員們心裡很有疑慮：船一進水不是要沉了嗎？但是，船長卻堅定地指揮大家按照自己的命令去做。隨著船艙裡的水位漸漸升高，奇怪的是，船的顛簸竟然也越來越小，而且船身漸漸地平穩，不再像剛才那麼危險了。

等大家都鬆了一口氣的時候，船長告訴他們：「一只空的水桶，是最容易被打翻的，如果裝滿了水，就不再容易翻倒了。船也是這樣，滿載的時候其實最安全，而空船的時候，反而是最危險的時候。」

其實人生也是這樣，當你的肩上有了擔子，心裡有了責任和目標的時候，你的意志和毅力都會更加強烈，而你沒有給自己設定任何壓力，反而容易隨波逐流，空耗人生。

曾經獲得過諾貝爾文學獎，其作品廣受東西方讀者好評，《追憶似水年華》的猶太作家馬塞爾·普魯斯特談到自己年幼的時候，對父親心懷感激。

他說：「在我們兄妹上學以後，父親經常問我們的問題是：你是否已經決定了一生最重要的目標？你是否已經制定了實現目標的詳細計劃？你是否已經確定了你的學習榜樣？如果我們答不上來，父親會懲罰我們，所以我們從小就確立了自己的目標。」

著名的畫家畢卡索，他的父親有一位朋友，名字叫做安東尼奧。安東尼奧的繪畫當時在歐洲十分有名，有一次，他來到畢卡索居住的城市馬尼拉市，連國王都出來為這位畫家舉行歡迎儀式。畢卡索的父親當時是市立博物館的館長，他帶著自己的兒子出席這一儀式。儀式的隆重，人們（包括國王）對畫家的尊崇給了年僅3歲半的小畢卡索以深刻印象，畫家的神聖地位從此在畢卡索心中確立不移。

還有一個類似的故事，是有關科學家的。大物理學家赫茲從小在叔叔身邊長大，他的叔叔是當時有名的科學家，然而，在赫茲剛滿8歲的時候，叔叔不幸去世。送殯那天，許多國家著名的學者不遠千里來到當地進行吊唁，連國王和王后也親自前來參加相關儀式。

赫茲的一位親人拉著赫茲的手說道：「你叔叔獻身科學事業，受到全世界人們的 無限敬仰，你要好好向叔叔學習呀！」

赫茲一直把這句話記在心裡。後來，他充滿熱情地閱讀叔叔留下的書籍、日記和手稿，自己也養成了對科學事業的無限熱愛。赫茲最後的成就和名氣都超過了他的叔叔，但他說，正是叔叔去世的場景，給了他一生最大的觸動。

人生有了夢想，就好比行駛的船艙裡加滿了水，它沉甸甸的，但卻讓你的行動不那麼漂浮，它時刻提醒著你，必須不斷努力充實自己，這樣才能平平穩穩地行駛到生命的彼岸。

「參孫辦公」的成功之道

以色列民族有一個關於「參孫」的神話。《聖經》記載，參孫是古代猶太人當中的一個英雄。他力大無比，能力超凡，幾乎具有不可戰勝的能力。所以，當敵人來和參孫的部落作戰的時候，只要參孫參戰，必然獲得勝利，前來進攻的敵人也必然落荒而逃。雖然後來敵人為了打敗以色列人，派來一個美貌的女間諜，引誘參孫說出了他的秘密，即他致命的弱點所在，以至參孫最後被敵人殺死，但是，在猶太人眼裡，參孫是這個民族幾千年歷史當中很少才出現的一位傑出人物，所以他的名字和形象為眾多的猶太人後裔所景仰和崇拜。年幼的史韋達就是這千千萬萬猶太人後裔中的一個。

二十世紀初，史韋達還是讀小學的年紀，就跟隨父親從東歐移民到了美國。由於人生地不熟，加上沒有多少經驗，父親開的雜貨店經營得並不好。後來，一家人又搬遷到芝加哥去做買賣，但仍然失敗了。父親欠下別人很多錢，沒辦法還清，只好繼續在全國各地奔波，以期能撞到機會，改善處境。

就是在這樣的境遇下，小史韋達依然沒有喪失對於生活的信心。他熟悉《聖經》裡的故事，尤其對參孫的故事如數家珍。在他的心目中，參孫是一個榜樣，是一個百折不撓英勇頑強的鬥士，是猶太人必須效仿的人物。

父親帶著全家來到科羅拉多州的迪邦市，在那裡開了一家蔬菜店。

雖然這裡是有名的療養勝地，可是蔬菜店的生意並不太好。父親整日為了全家人的口糧操勞，變得日漸消瘦。盡管如此，父親卻沒有一句怨言。

在這樣的條件下，小史韋達自然沒辦法繼續他的學業。由於年紀太小，父親並沒有給兒子壓上多少擔子，所以小史韋達能夠在迪邦市的各個角落裡跑，熟悉這裡的各種情況。他經常看見從全國各地來這裡旅行的客人拎著各式各樣的手提箱下車，然後走向療養地，等他們度完假回去的時候，不少人的手提箱已經損壞，有的甚至只能用一條帶子綁著拖回家，這使他產生了一個想法。

他回到家裡，看見辛勞一天的父親仍在為明天的生意而做著打算，便自告奮勇地對父親說：「您已經這麼辛苦了，我也有十幾歲，可以幫助您做些什麼了。我想，不如這樣，您將這個蔬菜店交給我來經營，我想我可以把它經營出來的。」他把自己的想法和父親說了，父親覺得兒子的看法很有道理，就決定讓兒子接手試一試。

小史韋達把父親的蔬菜店很快改造成專賣各種皮箱的皮件店。由於這裡靠近汽車站，皮箱銷售十分火紅。不久，就連紐約的皮件製造商也知道迪邦市這家猶太小子開的皮件店是個好主顧，它們爭相向史韋達的商店供貨。於是，不用出門，史韋達這家看上去不太起眼的小店，竟然集中了來自全國各地生產的皮件皮箱，尤其是由紐約的名家設計產品，既新潮又高貴，那些最新流行的款式只要一出來，就可以在史韋達的皮件店裡找到身影。

西方商界有一句話，叫做「顧客就是上帝」，史韋達的上帝自然是來自全國各地的旅游者，但史韋達本人卻成了皮件廠家的「上帝」。

有一次，聽說史韋達要親自到紐約來採購商品，紐約一些生產商商議，要共同宴請這位商界新秀，皮件大鱷。在史韋達乘坐的火車緩緩駛入紐約車站的時候，車站上聚集了各個公司派來的代表，有的甚至連總經理都親自前來，欲一睹這位新秀的風采。可是，等史韋達在隨從的簇擁下走下火車的時候，所有的人都愕然不已，原來，這個所謂「大鱷」不過是一個才滿16歲的少年。大家嘖嘖贊嘆：誰說英雄不是出自少年呀！

這時候，閃耀在史韋達心目中的依然是那位超人一般的參孫形象。只是現在，他覺得參孫離他已經越來越近了。後來，他決定自己生產皮件，並把自己的產品命名為「參孫」。參孫這個品牌，實際上寄托了他兒時的夢。後來，他的皮件皮箱生產形成系列產品，他又名之曰「參孫辦公」用品。「參孫辦公」用品的成功，不正是猶太人不屈不撓，奮發進取精神的寫照嗎？

通過賺錢來實現生活的最高境界

在很多人那裡，賺錢的過程是一個拼命攫取的過程，在這個過程中，他的眼睛裡聚焦的只是錢，再沒有任何別的東西。

可是，有許多傑出的猶太人卻不是這樣。他們繼承了祖先以賺錢為生活目標和生命本能的基因，但卻不認為生命的目的在賺錢，而是把賺錢當作實現生命的目的和追求的一種方式來看待。這似乎是一個悖論。

你看：生活的追求和目的是賺錢；賺錢是為了實現生活的追求，這兩句話多麼相似。可實際上，它們卻有著本質的區別。由於許多人把金錢和生活本身搞混了，所以看不出這裡面的差異。如果我們借用其它的話題來解釋，說不定可以讓大家明白。

比如我們說一位寫小說的人：他生活的追求就是寫小說；或者說：他寫小說的目的是為了實現生活的追求——這樣就容易看清楚：前者的生活追求是荒謬的，唯有後者才體現了一個人的生命價值。

我們再用洛克菲勒的一席話來解說，這樣可以使大家真正明白，猶太人掙錢，其實有著比金錢本身更高的眼界，他們的目標在金錢之上。

我是不會選擇去做一個普通人的。如果往往能夠做到的話，我有權成為一位不尋常的人。我尋找機會，但我不尋求安穩。我不希望在國家的照顧下，成為一名有保障的市民，那將被人瞧不起。

我要做有意義的冒險。我要夢想，我要失敗，我也要成功。

我拒絕用刺激來換取施捨：我寧願向生活挑戰，而不願過著有保障的生活；寧願是達到目的時的激動，而不願要烏托邦式毫無生氣的平靜。

我不會拿我的自由與慈善做交易，也不會拿我的尊嚴與發給乞丐的食物做交易。我決不會在任何一位大師的面前發抖，也不會為任何恐嚇所屈服。

我的天性是挺胸直立，驕傲而無所畏懼。我勇敢地面對這個世界，自豪地說：在上帝的幫助下，所有的這一切都是一個企業家所必備的。

——摘自洛克菲勒《我的信條》

有人評價說，摩根這個人賺錢達到了痴迷的程度。他始終保持著這樣一個習慣，就是每天下午下班的時候，到街頭報攤上購買一份刊載有股市收盤信息的當地晚報回家閱讀。他聚集了無數財富，可是他對於富人當中流行的對名車、名畫和豪宅的愛好一點也不上心，他感興趣的只是如何賺錢。

他喜歡賺錢的那種感覺，每次出手，都像一次膽大心細的捕獵，那裡面充滿風險，也充滿刺激，充滿鬥爭，也充滿智慧。那是一種生命的搏殺，是超越困難和障礙的挑戰。那裡面對智力和意志的考驗非任何別的事情可比。那不是賭博，但絕對比賭博更有樂趣。就像賽車手，你看著自己駕駛的汽車不斷超過一個又一個對手進入最後的衝刺，所有與你競爭的人都被你甩到身後，你心裡洋溢的幸福感和成就感是無可比擬的。

摩根如是說：

「不是要錢，而是賺錢。看著錢滾錢才是有意義的。」

掙錢的能力，
也要靠激情來催發

對於一個人而言，人生理想和美好願望可以有很多種，而掙錢賺錢肯定也是其中之一。

老洛克菲勒的話，就表達了這種觀點。

「我要做有意義的冒險，我要夢想，我要失敗，我也要成功。」

「我拒絕用刺激來換取施捨：我寧願向生活挑戰，而不願過著有保障的生活；寧願是達到目的時的激動，而不願要烏托邦式毫無生氣的平靜。」

這樣的話，誰讀了不會激動，誰讀了不會湧起躍躍欲試的念頭！

強烈的內在激情和渴望，形成一股巨大的力量，人在這股力量的推動下，將會一往無前，征服一切艱險，把一切困難踩在腳下。

一個人能不能取得成功，除了外在的客觀條件而外，主觀因素起到很大的作用。過去我們認為，人在學習上、在科學研究上、在發明創造上必須依賴強烈的興趣、持久的意志和頑強的拼搏才能有所造就，而對於掙錢，則以為單單憑的是運氣，其實遠不是這麼回事。

那些掙錢時產生的創造力和思想力，其實也是靠激情來催發的。只有具備強烈的挑戰精神和進取願望，才能讓金錢向你俯首稱臣。

有這樣一些反面的事例。

小王和小趙一起去參觀車展。車展上展出的各種流行汽車琳琅滿目，讓人眼花繚亂。小趙一邊看，一邊眼睛裡放光，心裡暗自下定決心，一定要擁有其中的一台新款跑車。他和小王說出了自己的想法，可小王卻漫不經心地說：那哪兒是你我這樣的人所敢想像的？別做白日夢了。

但小趙卻不這樣看。他想得到這樣一輛車的欲望實在太強烈了，他給自己定下目標，一定要經過努力，在一段不長的時間裡實現自己的目標。自那以後，他制定了一個掙錢計劃。他先是借錢開了一家雜貨店，在掙到了一筆小財富，還清債務之後，便辦起了一家小型商店。過了兩三年，他又把小型商店拓展為超市，超市的規模很快在當地成了指標。

十年之內，他不僅買了新型跑車，還有了自己的別墅。

後來，他想看看從前的朋友小王過得怎麼樣，當找到小王當年住的地方的時候，他發現小王除了額頭上多了幾道皺紋而外，還是那個老樣子，對一切都很平淡，缺少激情，衣著沒有變化，說話的內容也沒有變化，對一切設想都評價為不可能實現，是浪漫主義、非分之想。

小趙明白，這就是老朋友和自己的差距所在：小王這個人缺少一種東西，那就是渴望獲得、渴望成功的強烈心情，自然也就沒有那種主動出擊、尋找機會和百折不撓的進取精神。

一個人不能自甘平庸，不論在任何一種事業上。做一個企業家、做一個商人同樣如此。自甘平庸的人，絕對成就不了大事業，當然，想成為一代富豪也不可能——除非你能夠繼承祖上留下來的遺產。

我們不妨對照一下自己，對照一下身邊的人，看看你自己到底是屬於哪一種人？

瘋子史蒂芬·史匹伯的進取精神

一九四六年12月18日出生於辛辛那提市的著名電影導演史蒂芬・史匹伯的名字如今在全世界幾乎無人不知，無人不曉。這位大學未曾畢業，卻先拿到博士學位的傳奇導演就是以他明確的目標、頑強的意志和毫不動搖的進取心獲得事業上的成功的。

他在30歲的時候，拍攝出創造票房紀錄的影片《大白鯊》；他曾經兩度奪得奧斯卡最佳導演獎（電影《辛德勒的名單》和《搶救大兵雷恩》）。他對電影業的貢獻已經舉世公認，為了表彰他的傑出貢獻，英國王室特意授予他皇家榮譽爵位，而這種榮譽爵位並非輕易可以得到的，當代，只有前美國總統老布希、世界首富比爾・蓋茨以及英國足球偶像、英格蘭國家足球隊隊長貝克漢等為數不多的人獲得過類似的榮譽。

不過，不能抹殺的是，人們也曾一度將史匹伯稱作是個不折不扣的「瘋子」——他在電影事業上的執著、痴迷和瘋狂，沒有幾個人能比得了，而這正是他成功的基本原因之一。

史匹伯的成長經歷遠不是一帆風順的。還在幼年的時候，父母就離異了，這對他的內心世界產生了十分重要的影響。而作為猶太人，在美國遭受的種族歧視也使他的人生付出了比別人更多的犧牲。小時候上學，路上經常會遭到別的孩子欺負，而外祖父時常當著別人的面喊他的猶太名字，也使他感到相當難堪。

但是，成長中的壓力，卻給了他充滿幻想未來的動因。電影，這種充滿幻想的藝術，將處於少年期的史匹伯迷住了，他居然不知天高地厚地用8釐米的小機器拍起了片子。

17歲的時候，史匹伯第一次來到環球電影公司，企圖向那兒的人推薦自己拍的「電影」，他的磨勁讓那些製片人感到厭煩，他們像躲避瘟疫一樣躲避他。但是，這並沒有使史匹伯氣餒。

他讀大學的時候，由於大學裡「沒有電影課程」，他一直讀得心不在焉。他常常將一個星期的課程用壓縮在兩天裡完成，為的是騰出時間到咖啡屋去工作，好賺上點錢用來製作教學片。他想看看導演們是怎樣工作的，便自己跑到電影廠裡去觀摩，但卻總是被人從裡面趕出來。

後來，他終於拍出了一部有點意思的故事片，片長只有24分鐘。這部片子在第二屆亞特蘭大電影節上獲了獎，這改變了他的運氣。大三的時候，他和環球公司簽下了被稱為「死亡條約」的「自願服務」的7年約定，從此開始了他正式的人生旅途。

他有夢想，有目標，有激情，他所拍的片子，涵蓋風格之廣，電影史上無人能比，而作為導演，他替電影公司所掙的錢，也難以有人望其項背。既出精品，又賺大錢，像是《大白鯊》《第三類接觸》《法櫃奇兵》《侏羅紀公園》《ET外星人》等等既在奧斯卡評委那兒獲得一致的讚譽，又討得觀眾的好，贏得空前的票房價值，瘋子史蒂芬·史匹伯的能耐，讓所有的電影人都十分羨慕和敬佩。

不斷地進取，不斷地成功

旅館大王唐納德‧希爾頓的故事，其實，有關他的故事還有很多。二戰以後，美國經濟經歷了又一次嚴重的大蕭條，旅館業受到嚴重影響。

就在這樣的時候，希爾頓卻逆流而上，買下了好幾座大旅館。他這樣做的時候，遭到諸多同行背地裡的嘲笑，都認為他傻得可以。但是，令這些嘲笑者沒有想到的是，國家經濟在不長的時間裡又轉入了回復時期，希爾頓得天時地利，一下子從被人嘲笑者變成讓人羨慕者。

這個時候，市場開始活躍，旅館的居住竟然由蕭條變得緊張起來。很多的時候，為了讓客人能夠住得下，希爾頓和他的合作夥伴屈呂安甚至騰出自己的房間讓給客人。但是，畢竟這樣做的效果有限，於是希爾頓便一直在動腦筋，怎樣才能充分利用現有條件，盡可能地滿足客人的需求。

這一天，他忽然來了靈感，拉著屈呂安來到大堂，指著大廳說：你看，我們浪費了太多的空間，這裡櫃台太長，可以拆掉一半，餐廳裡也可以增加20個鋪位。屈呂安卻不以為然，認為旅店的門面擺設應當有特定的規矩，不能隨便亂來。可是，希爾頓卻不罷休，他仔細地察看旅店裡的角角落落，心裡有了主意。

第二天一早，他找來木匠，把餐廳隔成許多小間，每個小間裡足以放下一張床、一張桌子，又真的把大廳的櫃台截去一半，弄出一個可以賣香煙和報刊的攤位，同時還在大廳的另外一個角落隔出一個小小的雜貨鋪。在他的「大本營」希爾頓飯店裡，他同樣尋找著將寸土變寸金的妙方。

起先，希爾頓飯店的大廳中央聳立著四根裝飾用的巨大圓柱，這四根圓柱雖然好看，但在力學上卻沒有多少重要價值。希爾頓認為，沒有實用價值的裝飾無異於一種浪費，於是，他叫人將它們改造成四個透明的玻璃柱，在柱子中央設置了漂亮的玻璃展箱。沒幾天，這些柱子被那些精明的珠寶商和香水製造商們看上，他們紛紛前來包租，把自己琳琅滿目的商品擺放進去。漂亮的珠寶和香水瓶與透明眩目的玻璃柱子互相輝映，相得益彰，顯示了希爾頓商業戰術的高明和成功。

當時，這四根柱子的年出租收入就達二萬四千美元，折合成現在的匯率，是20萬美元。希爾頓說：「我要使每一寸土地都長出黃金來。」希爾頓的目的的確達到了，這是他孜孜以求，不斷進取的結果。

第3章

公正第一，欺詐為非

——公平心

莎士比亞筆下的猶太商人

猶太人是世界上最精明的民族，最善於賺錢的民族，這在其它民族當中是罕見的。也許是對他們掙錢方式的不理解，也許是對他們遠高於人的財富心懷妒忌，「酸葡萄心理」讓世上流傳著不少諷刺猶太人狡獪、貪婪、奸詐和小氣等等的說法。莎士比亞的戲劇《威尼斯商人》夏洛克，簡直就是一個愛錢如命的吸血鬼的形象。

莎士比亞在他的劇作中寫到，猶太商人夏洛克住在威尼斯，他是個放高利貸的人。這個夏洛克為人刻薄，討起債來十分地凶狠，所以所有善良的人都討厭他。而威尼斯還有一個叫安東尼奧的商人（當然不是猶太人），卻與夏洛克不同。他年輕、善良，樂善好施，常常借錢給那些窮困的人，而且不收他們的利息。正因為此，貪婪的夏洛克和慷慨的安東尼奧兩人結下了很深的怨恨。安東尼奧有一個朋友，是貴族家庭出身的巴薩尼奧。這個巴薩尼奧只知揮霍，不知賺錢，很快就把家中留下的那點財產給揮霍完了。平時，他只是靠著安東尼奧的接濟才能生活下去。可是，他偏偏愛上了一位有錢人家的小姐，於是常去姑娘家裡拜訪，並打算向她求婚。一個貴族出身的窮漢向一位富家千金求婚，不能不講究點排場。巴薩尼奧自己沒有錢，當然只能找到商人朋友安東尼奧幫忙。可是，安東尼奧的錢正在外面周轉，要一下子拿出三千金幣的大額款項，實在是力所不及。於是他想去向夏洛克借錢。安東尼奧的打算是，自己在外面採購的貨物不久就會回來了，到那時候，將貨物賣了，貨幣回籠了，就可以償還夏洛克的高利貸。由於夏洛克恨死了安東尼奧，這次便想抓住這個機會狠狠地報復一下他的對手。他假裝為了得到安東尼奧的友誼，寧願不要一點利息，卻又跟安東尼奧開玩笑說，要到律師那兒簽一張合約，到時候要是安東尼奧還不了錢，就在他身上割一磅肉來償債。安東尼奧滿以為夏洛克真的是在開玩笑，心裡還十分感激地說：「我願意簽這樣一張借約……猶太人的心腸真好。」結果，巴薩尼奧求婚的願望順利達成了，安東尼奧卻最終落入了夏洛克的圈套。

安東尼奧裝貨的船隊在歸程的時候，遇上風暴，全部的船隻都沉沒了，還貸的日期到了，他當然拿不出錢來。這時，巴薩尼奧的妻子鮑西婭願意加倍拿自己的錢替丈夫的好朋友安東尼奧還債，可是夏洛克卻不同意，他堅持安東尼奧必須像那張借約上所簽的一樣，用一磅肉來償還那三千金幣。

案子即將在元老院開審的時候，夏洛克興奮地磨著一把長刀。他覺得，有了那張借約，他一定會贏這場官司。

鮑西婭見夏洛克如此刁蠻，便想出了一個「以子之矛，攻子之盾」的辦法。在審判中，她偽裝成安東尼奧的律師，說那張借約固然合法，但借約上面寫的只是「割一磅肉」，而不包括血。因此，夏洛克在割肉的時候假如帶了一滴血，就是違法，就必須受到家產充公的處罰。而且，割肉的時候，還只能不多不少正好是一磅，要是多了一點點或者少了一點點，同樣要財產充公，還要被判處死刑。

面對鮑西婭的辯護，用心險惡的夏洛克知道自己已經一敗塗地，不得不表示願意接收安東尼奧還錢的要求。

在現實當中，夏洛克那種巧於盤剝的猶太商人或許是有的，不僅是猶太人，就是其它民族中也會偶爾出現一些精明過度，心腸過黑過狠的商人。但是，總整體上看，猶太商人並不像莎士比亞筆下的人物那樣，惟利是圖到不講一切規則的。

實際情況是，正是猶太人最懂得依靠公平和公正的手段來賺取錢財。因為他們懂得，像他們這種無家可歸的民族，多少個世紀以來一直寄人籬下，想靠欺詐和巧取豪奪賺錢，是絕對長久不了的，只有依靠公平和公正的法則，在能賺得長久，賺得安心，賺得穩當和牢靠。

公正原則和《塔木德》

猶太人的這種經商理念其實很早就形成了的。在《塔木德》中，以實際案例記載了對於猶太人經商當中關於公平原則的規定。

比如說，在甲和乙之間要進行一次小麥交易，雙方現在開始談判。賣方甲的小麥尚在地裡沒有成熟，須等到幾個月之後才能收割後交貨，甲認為，價格是現在談定的，要求買方乙現在交納全部購買款項。如若在幾個月後付款，則要多加20%的錢。《塔木德》對這種行為是禁止的。

因為《塔木德》書上認為，這實際上是對一種商品同時設定出兩種價格，這破壞了價格公正的原則。《塔木德》還禁止不正當地抬高物價，當然也禁止隨意壓低物價。《塔木德》規定：「商品的市價尚未形成之前，不能賤賣商品。」如果有人在別人的小麥還沒有收獲的時候就低價出售自己的小麥，那帶來的影響會波及到全體農民，而低價造成的損失還會轉嫁到其它商品上面，這對於正常的市場秩序無疑是有害的。

在《塔木德》裡，商業交易成為一種特殊的原則理念，具有超乎一般生活領域的行為規範。因此所謂商業絕非《塔木德》的固有世界。這意味著即使是非常虔誠之人，也可根據在商言商的原則，從事交易。

不過《塔木德》裡所探討的是如何成為有道德的商人，絕非教導世人成為唯利是圖的大商賈。由此可見《塔木德》反對自由放任的商業主義，堅持商人必須具備商業道德。

譬如，就買方的權益來說，縱使事先未獲任何保證，買方也有權利要求購買的商品具備良好的品質。所謂購物即是意味購買沒有瑕疵的商品，就算賣方在交易當中的附帶條件，宣稱「貨物出門，概不退換」，一旦該項商品確有瑕疵，買方仍然有權要求退貨。

《塔木德》還嚴格禁止將酒兌水加以買賣，允許兌水的場合僅限於酒吧，而且還須在顧客知情的情況下進行。另外，「任何東西都不能攙假」，這是猶太教義中有關經商的一項明確規定。在過去，猶太人拉比往往會親自對商人們製造和出售的商品進行驗證。拉比們一方面通過現場監督的方式來把關，一方面則還會親自品嘗一下食品，以確定其質量是否符合標準（當然，那個時候不可能有現在這樣形成文字的具體標準，那時的標準無非是必須符合大家日常的飲食習慣，尤其是不能摻入不正宗的原料）。在鑑定食品合格之後，拉比會在商品標牌的上面簽上自己的名字，以表示其信用。

除了不允許在銷售酒的時候任意兌水，有關的猶太法典還對其它一些虛假的銷售行為作了明確禁止。比如，禁止在賣牛的時候，在牛身上塗上各種不同的顏色，也不許把其它各種動物的皮毛有意識地弄得硬邦邦的。因為，在牛的身上塗上顏色，會使牛看上去比原來更漂亮，這樣便容易誤導購買者。而動物的毛髮被弄成硬邦邦的之後，會使動物看上去比本身更大。

另外，《猶太法典》裡記載了這樣一個事例。

有個奴隸想在市場上出售自己，為了能將自己更快地賣出去，他染黑了自己的頭髮，並在臉上塗抹化裝，以使自己看上去更加年輕。法典規定，像這樣的情況也是被禁止的。

看起來，古代猶太人的法典對於如何誠實經商和公平經商所作出的規定確是不嫌瑣碎，不厭其煩，但正是這樣具體而微的行為規定，使猶太人延續下一個很好的經商傳統。

把「知情權」交給顧客

猶太的歷史非常悠久。聖經時代的猶太人乃屬農業社會，鮮有交易行為，所謂「商人」一詞相當於異鄉人的同義語。當時猶太人幾乎不作買賣，僅有簡單的商業道德，譬如斤兩公道，童叟無欺等等之類來規範為數不多的交易行為。

可是到了《塔木德》的時代，社會上商業勃興交易熱絡，以致連《塔木德》裡也對商業交易關心備至。編輯《塔木德》的人基於社會逐漸進步的前提下，將進步的社會描寫成商業極其鼎盛發達的社會。因此法典中花費甚多篇幅，談論有關經商之際應該遵守哪些道德之情事，

如果說，不搞假冒偽劣，是猶太人經商的一個原則的話，還有在銷售商品的時候，充分尊重顧客的「知情權」，不隱瞞，不偽裝虛飾，也是他們的一大優點。

有一位日本人曾經在美國的紐約讀書，他所就讀的大學門前有一家猶太人開的舊書書店。因為那些舊書都是從原先的讀者手中回收來的，在回收的時候不可能每本都檢查得那麼仔細。但回收之後，重新銷售給顧客之前，猶太人老板都必定會對每本書進行檢查，看看書裡有沒有脫頁等現象。

因為他覺得，顧客前來買書，當然是要買內容完整的書，假如書中出現脫頁、破損情況，而買的時候又不知情，回去後一定會後悔，也一定會責怪賣書的書店。這樣的話用不了多久，書店的信譽將大大受到損害。

正因為書店老板堅持這樣子做，所以他的書店生意越來越好，人們都對他的信譽給予高度贊揚。如果商品有破損，猶太商人就一定會降價進行出售，決不重新弄個包裝又把它當好商品賣。讓人們在明知商品有瑕疵的情況下進行購買，這也是猶太人商法中的明確規定。類似上面所講的紐約那家舊書店的例子是很多的。

當然，猶太人講究公正，並不是迂腐到不善變通的程度。正是在公正的前提下尋找機會，使得猶太人經商有了與眾不同的特點。

打個比方吧。有的猶太人書店，有時進了一批新書，但銷售情形並不看好。要是在一般商家，或者就會採取給回扣的方式將它們推銷給替公家採購圖書的人，或者用別的什麼不正當的方式將書銷出去，而猶太人則不。

前面講了，《塔木德》有過規定，就是不允許搞競價傾銷，在合理的價格確定之後，任意降價是有違道德的行為。那麼猶太人便會想這樣一個辦法，即在每本打算降價賣的書中都蓋上一枚印章，這就使得新書「變成」了舊書，那樣，哪怕是半價銷售也都是合法的了。

還有些猶太人開的音像店裡，也常常會將新到的唱片之類降價銷售。但是你這裡的新唱片降價了，別人的音像店裡同樣的唱片就賣不起價錢。為了避免可能產生的法律糾紛，猶太人採取在新唱片上打一個小孔的辦法，將這些唱片當作次級品來賣，這下子就既沒有違背經商道德，又達到了低價競爭的目的了。

從以上例子可以看出，猶太人經商既嚴謹遵守商業道德和法則，又懂得利用一切機會給自己創造成功的條件。他們的成功是讓人心服口服的。

猶太人並非不懂「詐術」

還有一個例子，說明猶太人並非不懂得「詐術」的作用，但是在不得已的情況下，必須行使「詐術」的時候，一定會做得有理有節，做得完全符合商場的游戲規則。

這一天，猶太富商哈德衣冠楚楚地走進紐約花旗銀行的貸款處，說是要貸一筆款。按照銀行的規定，要貸款必須提供貴重物品加以擔保，哈德從自己攜帶的皮包裡掏出了約值50萬美元的股票債券放在櫃台上，銀行的人一見，以為他一定想貸到一筆更大的款項。

沒想到哈德提出的貸款金額僅僅是1美元！聽見哈德的要求，銀行的人都睜大了眼睛不可理解。以50萬美元的股票債券做擔保，僅僅是為了貸取1美元的錢？卻不知哈德今天就是要來點「邪」的。這樣一來，他就可以將自己的50萬美元的股票債券安安全全地存放在銀行的保險櫃裡，到期只須付1美元的貸款利息也即幾分錢就行了，那筆高額的保管金就這樣省了下來。

弄明白哈德的意圖，銀行的人盡管覺得上了當，卻也不能不按照哈德的要求辦。因為依照銀行的規定，貸款雖須提供貸方的貴重物品擔保，類似哈德的這種行為，恐怕就是對猶太人「奸詐」和「狡猾」的評價的由來。但是，不管怎麼說，猶太人哪怕是做出超越常理的舉動，也一定要在法規的範圍之內來操作。而只要是合法的，你就不能說它違背了公正原則。

猶太人當然不是一清如水

當然，從歷史上看，猶太人雖然一直有著自己的經商傳統，有著許多的律條和規矩，但也並不是從一開始就無往而不勝的。那主要是因為，在歐洲的中古時代，正常的商業市場和商業秩序尚未形成。

12世紀的時候，被稱為隆巴多的意大利人採取不正當的手段經營高利貸行業，名聲很壞，而歐洲的基督教徒不講商業道德，採取巧取豪奪的手段經商賺錢，因此曾一度把勢單力薄的猶太商人排擠出去。

但無序的商業秩序僅僅給少數無良的人帶來財富，卻讓大多數消費者受到損害，這樣的情形自然很快得到糾正。

不過，要說猶太人個個都一清到底，毫無瑕疵，恐怕也不是事實。

俗話說，林子大了什麼鳥都有。任何國家，任何民族其實都不例外的。

話說有兩個法國人和兩個猶太人一同乘火車。上車的時候，法國人按照規矩每人各買了一張票，而猶太人兩人卻只買了一張票。法國人疑惑地看著他們，心裡在想，等會兒查票的時候，有好看的。

果然，火車開動不久，就傳來列車員查票的聲音。

法國人因為買足了票，倒是一點不急。而猶太人也並沒有顯露出驚惶不安的樣子。只見他們兩人同時起身，一起擠到一間廁所裡面。

列車員知道有人進了廁所，卻萬萬沒想到有兩個人躲在裡面。他敲敲廁所的門，說道：「請出示您的車票。」猶太人從裡面伸出一隻手，手裡正捏著那張車票。

列車員驗過票後離開，兩個猶太人便放心地從裡面出來。

見猶太人這次撿了一個便宜，法國人不服氣，也想效仿。

下次乘車，他們也兩個人同買了一張票。可是，誰知這回猶太人卻一張票也沒買就上了車。猶太人的行徑再一次讓他們瞪大了眼睛。

查票開始了，法國人趕緊像上回猶太人那樣，一起躲進廁所裡，誰知猶太人見狀，趕緊冒充列車員的聲音，敲著廁所的門說要查票。法國人還以為敲門的是列車員呢，趕緊掏出票伸手遞出來。

猶太人接過車票，便趕緊一起朝下一節車廂的廁所奔去。

猶太人的車票「解決」了，可那兩個法國人的命運卻可想而知了……

這則故事，其真實性到底有多大，恐怕無人敢肯定，或許這又是一個諷刺猶太人太過精明，總是善於鑽法律和秩序的空子的段子。在對於猶太人辛辣的諷刺裡，其實也讀得出一股無可奈何的羨慕和佩服。

資金再困難也不拖欠員工的薪水

還是接上我們前面的話題。猶太人堅持公正，反對欺詐的商業道德，不僅體現在商品生產和交易上，還體現在「勞資關係」上。

《塔木德》規定：不要把應付的報酬留到第二天早上。在猶太人的習慣裡，一個主人要雇用一個工人，必須明確地告訴他取得報酬的時間和方式，無論償付工錢的時間是按日、按星期、按月還是按年，一旦確定下來，主僕雙方互相同意，就必須堅決不打折扣地實行。這樣的規則，當然主要是針對強勢一方也即主人一方的，因為只有主人有可能拖延發薪水的時間，而僕人一般是不可能強迫提前付給薪水的。

有一位猶太商人在日本的赤阪從事鑽石生意，在那兒許多年了，從沒有拖延過一天給員工們發放薪水，哪怕公司遇到暫時的困難，資金周轉臨時有困難，他首先想到的是，員工的薪水一定不能拖欠！他明確知道，一個外地人，要想在日本這樣一個商業競爭異常激烈的地方站住腳跟，保住陣地，立於不敗之地，必須保持無懈可擊的信譽，而這種理念正是古老的猶太教義所主張的。當然，這位猶太人取得了在日本的成功，同時也贏得了日本朋友的尊敬。

對雇工決不能敲骨吸髓

很早的時候，就關於雇主聘請勞工，是否允許他們在果園裡採摘水果的問題，猶太人當中曾經有過爭論。因為在果園裡勞作，雇主並不可能隨時隨地進行監視，所以雇工採摘水果的現象實際上是禁止不了的。爭辯的焦點在於，雇主應當允許雇工們吃多少？有一位叫赫斯麥的拉比提出：採摘的水果價值不能比工錢更多！但其他拉比們卻不贊同他的意見，他們說，應當允許工人們任意吃，但有一條：決不能被貪欲所俘虜。猶太人就是這樣將一件生活中的現象與他們的道德戒律結合起來。

如果說，這件事與所謂「公正」的關係尚不是那麼緊密的話，那麼緊接著下面這些規定，就體現了猶太人的公正理念。《塔木德》對於雇工有這樣的規定：強迫雇工過度勞動應得到禁止。如果按照習俗一個地方雇用工人的時候必須順帶管飯，那麼就必須在付給報酬的同時還要提供合適的飯食。所謂合適的飯食就是，雇工們吃的應當和當地普通家庭吃的一樣，不允許刻意提供粗劣的食物供雇工食用。

我們常常用「敲骨吸髓」來形容那些肆意盤剝工人的行徑，可是，猶太經文禁止這一類現象的發生，這似乎說明猶太人很早就懂得「效益優先，兼顧公平」這樣一種現代理念。

與其騙人家的錢，
不如讓人家主動為你掏錢

猶太人的公正還可以從以下這個思維中來感受，那就是，與其千方百計去騙錢，不如努力使自己的產品更加為世人所接受。

要說以欺騙手段獲取錢財，這可是古今中外許多不法之徒謀取利益的一個不二法門。除了公開行騙者外，還有一些人採取的是暗中行騙的辦法，比如生產假貨，以劣充好。就拿皮鞋來說吧，有人用劣質皮生產皮鞋，生產出來的畢竟還是皮鞋，盡管穿起來不那麼舒服，不那麼好看。可是這些地方的一些廠家，連劣質皮都不用，乾脆就用紙來生產皮鞋。這樣生產的鞋子，工藝當然很簡單，成本更是低到不可思議的程度，於是價格當然是別人無法競爭的。消費者當然不願意買到紙做的皮鞋，因為這樣的所謂「皮鞋」穿在腳上用不了一個星期就會損壞。然而消費者還有一個普遍的心理，就是想用更低的價格買到更好的貨物。紙皮鞋的價格是最低的，然而它的外表又幾可亂真，不少消費者根本缺乏辨別真假的知識，而賣鞋的根本就不把這種皮鞋的真實性告訴消費者，於是，他們見櫃台上紙做的皮鞋一點不比真皮鞋差，價格還便宜許多，也就因貪圖便宜而掏錢買上當了。

現在，這種完全玩假的商品逐漸少了，但還有一些廠家動起了另外的腦筋。比如說，生產的產品是真貨，可打出的牌子卻是假的。這怎麼說呢？原來，在物質開始豐富，市場又從賣方市場轉向買方市場的時候，屬於產品的高度競爭時期。這個時期，競爭的不僅是產品，還有品牌。所謂品牌，就是通過市場檢驗，已經被大多數消費者所認可的某種商標，因為它的質量，因為它的服務，因為它的性價比，都在消費者心目中確立了地位，大家上市場的時候就認這個牌子。

品牌的確立並非一朝一夕能夠達成的，它也是經過一段長時間的努力才樹立起來的。為了確立品牌，相關的廠家和商家可以說作出了相當多的努力，付出了不少的心血和成本。然而，當桃子成熟的時候，有人開始摘桃子來了。來摘桃子的人，就是那些不願付出努力，想輕易賺別人錢的不法廠商。於是，假產品變成了假冒名牌的產品，雖然手法變了，性質還是一樣。我們在許多地方，到處可以看見國外的名牌服裝擺在大街小巷的商店裡賣，那些屬於品牌專賣的店面和櫃台一般都是有真正廠家授權的；而更多的卻沒有得到授權，尤其是地攤上經常也會賣名牌服裝，那當然是假貨無疑。

而對這一類的賺錢伎倆，猶太商人卻不以為然，從不去動類似的腦筋。他們的法則是：注意觀察市場變化，隨時發現消費者的需要，及時預測市場前景，迅速開發出新的產品以滿足消費者新的需求。品牌的確立要靠實力，靠積累，靠宣傳，靠營銷手段和策略，而創造新的需要，製造新的產品，靠的就是獵狗一般的機靈和兔子一般的敏捷。與其騙人家的錢，不如讓人家主動為你掏錢。這就像一位猶太拉比買驢子的故事所講的一樣。

有一位猶太拉比到市場上去買了一頭驢子，回來的時候在驢的脖子上發現了一顆光彩奪目的鑽石。拉比的弟子們見了都很高興，覺得這下可好了。老師買驢還帶了一顆鑽石回來，這可是上帝的關照。有了這顆鑽石，以後的生活費用可就有著落了，用不著再去為每日的開支發愁了，這樣，就可以專心研讀猶太的經典了。

可是，拉比卻不像弟子們那樣高興。他的想法是，我既然只是花一頭驢子的錢買驢，那麼這顆鑽石就不應屬於我。即使這顆鑽石不是賣主的，而是別的什麼人掉在這頭驢子身上的，我也不應該平白獲得這顆鑽石。於是，他又把驢子牽回到市場去，找到賣驢給他的阿拉伯人，將鑽石交還給他。

如果其他方法都沒有用，
不妨試試誠實

這句話，不是哪位哲學家的說教，而是一家猶太人公司愛迪達公司的經驗之談。這家公司把「誠實無欺」作為公司的訓誡，要求公司上上下下、裡裡外外相互尊重，坦誠相待。對外，公司以公平的方式對待供應商，絕對不會以店大欺客的方式，以至弄到他們無利可圖，愛迪達的發展哲學是：「製造商、零售商和顧客都是整個經濟流程的一部分，享有共同利益。」

愛迪達每開發出一種新的產品，總是要邀請世界體育明星、教練員、醫生、生物學家和力學專家來獻計獻策，公司誠懇地徵求他們對新產品的意見。那些直言不諱的批評在公司看來正是改進自己的設計的良藥，而對於那些提供了具有參考價值的意見和建議的人，公司會毫不吝嗇地給於獎賞。在產品最後定型之前，公司的負責人會親自帶著產品去運動場上讓運動員們試用，在一線檢測設計是否成功，是否能讓大家喜歡。正是這樣的行為，使得愛迪達的品牌長期以來一直成為世界體育界人士看重的名牌，也使得這個品牌的產品多年來長盛不衰。愛迪達每年度公布自己的經營情況的時候，既不誇大自己的優勢，也不隱諱自己的缺陷。誠實無欺在這家公司絕對成為一種企業精神，絕對不是裝點門面的幌子。因為他們堅信：就像一個人一樣，如果你不能維持絕對誠實的作風，你的事業就很難經營下去。

把一切奉獻出來的最可貴

這個猶太故事說：從前，有一位國王，他有一個獨生女兒，這一天，公主得了重病，百般治療，一直無效，以至於陷入奄奄一息的狀況。國王心裡非常焦急，他向全體臣民徵求醫治女兒重病的藥方，並在都城的牆上貼出布告：只要有人能夠治愈公主的病，就把公主嫁給他，並立他為王位繼承人。

在離這裡很遠的地方，住著三兄弟。三兄弟中，老大是千里眼，老二有一張會飛的魔毯，老三則有一個帶魔力的蘋果，不論什麼病，只要吃了它就能夠痊愈。於是三兄弟一起商量，決定大家共同到都城去。他們乘著飛毯來到都城。果然，公主吃下那個蘋果，病居然完全好了。國王很高興，可是前來給女兒治病的是三兄弟，而公主卻只有一個，所以，只能從三兄弟中挑選一人做駙馬。要說醫治好公主的病，三兄弟都有功勞。老大說，是他看見了國王的布告，才會前來給公主治療；老二說，乘了他的飛毯，才能夠及時趕到京城；老三說，不是有他那枚蘋果，公主的病也好不了。

國王和謀士們商議後，最終選擇老三作為駙馬。國王的理由是：老大今後仍然擁有千里眼；老二也依然擁有飛毯，只有老三，因為把那個蘋果給公主吃了之後，就一無所有了。依據《塔木德》的觀點，當一個人施善時，最可貴的是能夠把一切都奉獻出來。而老三的行為正符合這一觀念。

摩西十戒：
猶太人商業道德的基石

猶太人早期的聖人摩西，曾經帶領被埃及人奴役的猶太人走出埃及，回到了自己美麗的家園迦南地區。他為了猶太人的長遠利益，制訂了著名的「十戒」，用以勸戒猶太人確立自己的生活信仰和生活方式。摩西十戒中，有五條和經濟活動有關。

我們來看看這幾條的內容。

——不要剝削你的鄰居；不要搶奪他人的財產；不要把應付的報酬拖到第二天早上。

——不要讓你們判斷的天平傾斜：使用公正的天平、秤砣和米斗。

——鄰居借你東西時，去取的時候不要進入對方的家裡，要站在門外，讓鄰居給你拿出來。

——不要占用別人的石磨和盤石，因為這是他們賴以生存的東西。

——向同族兄弟借錢不要收取利息；錢幣的利息、食物的利息和一切所借之物的利息都不要收取；你可以向外人收取利息，但絕不能向自己的同胞收取利息……

有人說，摩西十戒是猶太教的基石，它具體而長久地指導了猶太民族的生活。可以這麼認為，猶太人的各類經典，其實都是以此為基礎而制定出來的。而猶太人的商業原則，也是在此基礎上確定的。我們看一下，摩西所確立的原則，一個基本的指導思想就是兩個字——公平。

第4章

性格堅韌，長於忍耐
——忍耐心

不善於忍耐的人是小人

猶太人對這一點的體會尤深，他們有一句名言：控制不了自己，就控制不了別人。猶太人根據他們自己的經驗，歸納出這世界上有四種人：一、輕易動怒，容易安慰；二、很難動怒，很難安慰；三、很難動怒，容易安慰；四、輕易動怒，極難安慰。

猶太人認為，上面這四種人中，第一種人「他的所得被失落抹殺了」，就是說，他即使事業可能有成，但因為輕易動怒，也就容易喪失，最後的結果是兩手空空。第二種人「他的失落被所得補償了」，由於平時顯得沉穩，所以能做出一些事情來，但是一旦發起怒來便難以克制自己，這樣的話，所得結果和第一種人沒有兩樣。第三種人，猶太人則是視為「聖人」——世界上一點也不會動怒的人恐怕沒有，因此偶爾動怒，但情感很容易被理智所戰勝，這樣基本上能保持一種平和的心態和清醒的頭腦，不容易犯下追悔莫及的錯誤，這樣的人庶幾可以算得上聖人了。至於第四種人，自然屬於小人。小人斤斤計較，患得患失，心胸狹窄，反覆無常，這樣的人動不動就和別人動肝火，鬧意氣，哪怕為了芝麻綠豆大點的事，也能和別人吵翻天。這樣的人，一般人都不願意和他打交道，這種人要是能夠在商業上取得成功，那可真是天下奇談了。

智者的性格最重要是修養

現在，測驗一個人的性格的方法有很多，這裡面有些是江湖騙術，也有些有科學依據，尤其現代心理學的發展，人們對人類性格的檢驗甚至達到了「技術化」的地步——當然，對這些「技術化」的東西，可信度還不能完全信任，但畢竟人們需要這種東西，需要它來幫助人們鑑別周遭的人情事故，所以，它的繼續發展是必然的。不過，古代猶太人對於如何辨別一個人的性格，早已有了簡單可行的方法，那就是看他對待三樣事物的方式：他的酒，他的錢，他的憤怒。

人們都知道希萊爾是個聖人，他不僅知識淵博，而且性格非常沉穩，具有高度的忍耐心。但是，還是有人懷疑這一點。有一次，兩個巴勒斯坦人在一起打賭，他們下了四百祖茲賭注，說：「誰能惹得希萊爾發怒，誰就能得到這四百祖茲。」

於是，在安息日那天，其中一個人來到希萊爾的住處。這個時候，時近黃昏，希萊爾正在洗頭，那個人大聲地敲門，喊道：

「希萊爾在哪兒，希萊爾在哪兒？」

希萊爾趕忙披上一件外套出來迎接那人。

「孩子，怎麼啦，你遇到什麼困難了？」希萊爾問。

「我只是想問你一個問題。」

「問吧，孩子。」

那個人問道：「為什麼塔德莫瑞特人的眼睛是模糊的？」

希萊爾慈祥地答道：「那是因為他們把家安在沙漠裡，沙漠裡風沙大，那風吹呀吹呀，他們的眼睛就變得模糊了。」

那人得到答案，就離開了。可是，只過了一會兒，這邊希萊爾剛要接著洗頭，那人又跑回來，再次敲響希萊爾的門：

「希萊爾，希萊爾，我還有一個問題要你回答。」

希萊爾只得又披上衣服出來開門。

那人說：「我有一個問題要問你。」

「說吧，孩子。」希萊爾依然顯得很有耐心。

「為什麼非洲人的腳是平的？」

「因為他們居住在潮濕的沼澤裡，」希萊爾說，「任何時候他們都行走在水裡，所以他們的腳是平的。」

那人走了不一會兒，又回到希萊爾家裡，「砰砰砰」地敲門。

「希萊爾在哪兒，希萊爾在哪兒呀？」

希萊爾頭還沒洗完，又披上衣服來開門。

「孩子，你這次又有什麼問題要問吧？」希萊爾很平靜地問道。

那人這回問的問題是：「為什麼巴比倫尼亞人的頭是長形的？」

希萊爾恰好是巴比倫尼亞人，那個人提的問題簡直帶有侮辱希萊爾的意思。可是希萊爾並沒有絲毫生氣的樣子。他仍舊很認真地回答來人的問話：

「孩子，你提出了一個重要的問題，」希萊爾說，「在巴比倫尼亞，由於沒有熟練的接生婆，嬰兒出生的時候，婦女和奴隸將孩子放在腿上來加以照料，所以他們長大後，頭就變成長的了。而你們這裡，由於有技術熟練的接生婆，嬰兒出生的時候，都放在搖籃裡，得到很好的照料，所以，巴勒斯坦的孩子長大後，他們的頭是圓形的。」

那個巴勒斯坦人見如此反覆折騰也沒能讓希萊爾發怒，他反而始終體現出良好的性格修養，這讓那個人倒憋不住了，他大聲嚷了起來：

「你這個傢伙！你讓我失去了四百個祖茲。」

自然，希萊爾正是猶太人所尊敬的第三種人，而那兩個巴勒斯坦人，如果不是小人的話，至少也是「他的所得被失落抹殺了」。

堅定一個信條——全力以赴

美國有一家新聞性最強、發行量最多的報紙《今日美國》，它的首席執行官名叫艾倫•紐哈斯。艾倫9歲的時候就開始工作，他的第一份工作是用手去撿牧場上的牛糞，然後再做成牛糞餅。即使是當時，一般的孩子也不願做這樣的工作。可是，小艾倫卻做得十分盡力，而且工作完成得很好。過了一段時間，祖母開著家裡的福特轎車來到艾倫的學校，告訴他說，祖父見他工作很認真，決定給他更換一份工作，讓他外出去放牧。外出放牧，當然比撿牛糞強多了，可以騎著馬匹兜風。艾倫從這個時候懂得，一件工作，哪怕自己也未必喜歡它，但是只要盡力去做好，總會得到補償。

以後，他到南達科他州的一家肉鋪裡做幫工。這份工作整天和油乎乎的肉塊肉堆打交道，同樣讓人覺得噁心，而且工資很低，每周只有一美元。但艾倫堅信，只要把工作盡心竭力去做好，就一定會得到補償。果然，他的表現讓人看見了。後來他成為美聯社的一名記者，他的周薪變成50美元，他仍然堅信：對任何工作要有耐心，要一以貫之。當他成為《今日美國》的首席執行官的時候，他的年薪已達到了一百五十萬美元。他對自己的總結是：

「如果你幹的是一件噁心的活兒，只要認真幹下去，而且盡量幹好，你就不會永遠待在那個崗位上，八成會得到賞識，得到提升——這比滿懷牢騷，永遠在那個噁心的地方，一直混下去要好得多！」

「韌勁」也會感動上帝

有一個叫哈羅德的年輕猶太人，原本開著一家小小的餐飲店，每天生意平平。他看見相隔不遠的麥當勞每天人潮如湧，生意火爆，就想做麥當勞的代理經營商。他上門找到麥當勞總部的老板，向他提出自己的請求。麥當勞總部由於對哈羅德並不了解，反而向哈羅德提出一個要求，即要他具備二百萬美元的資產，才同意他做本公司的代理商。哈羅德並不因這個數額巨大而放棄自己的目標，他決定按照麥當勞提出的條件來做準備。於是，他每個月積攢一千美元，並將它存進當地的銀行。每月一千，一年能夠積攢一萬二千，而要攢足二百萬，需要十六、七年才行。哈羅德整整堅持了六年。

這六年裡，每到一個月的頭一天，他都會帶著自己的一千美元到銀行的櫃台前辦理存款手續。他的堅韌，讓銀行裡的營業員都受到感動。六年，哈羅德積攢的錢才七十二萬美元，離麥當勞開出的標準還很遠，但哈羅德並不氣餒，他還要把自己的計劃繼續下去——但是，麥當勞總部的負責人早已經對他的情況做了調查，他們認為，像哈羅德這樣頑強而有韌勁的人，是一定會對自己，也會對公司的目標負責的人，於是他們答應了哈羅德的請求，而哈羅德當然也不負公司所望，他成為麥當勞公司的主要營銷商之一。

什麼是優秀企業家的品質

洛克菲勒曾經給他的兒子講過這樣一個故事——

在紐約市的郊區，有一個老人經營著一家熱狗店，生意非常好，遠近馳名。老人在自己的店門口豎立了一塊廣告牌，上面寫著「全國第一熱狗」。這塊廣告牌非常巨大，遠在幾里之外都能夠看見。因此，凡是從這裡經過的車輛都被吸引，大家紛紛來到這裡，想嘗嘗所謂「全國第一熱狗」究竟名實相不相符。而顧客來了的時候，老人總是笑瞇瞇地站在店門口，熱情地迎接著客人，而且會這樣說：「你千萬別告訴我只要一個，嘗嘗兩個吧，味道真的很不錯。」

老人的態度讓客人感到溫暖，而剛出爐的熱狗，那烤得香噴噴的味道以及金黃色的外形，讓人胃口大開，再加上香脆的泡菜、風味特殊的芥末和爽口的洋蔥，由笑容可掬的服務員雙手端上來，顧客吃的時候真的感覺非常之爽。當顧客滿意離去的時候，老人又親自把他們送出小店，跟他們熱情揮手，歡迎他們再來。他會說：「歡迎你們再次光臨，我的熱狗需要你們支持，店裡年輕的服務員也需要盡快掙足自己的大學學費。」這樣充滿愛心的話語，不但吸引老顧客回頭，也讓許多新顧客前來一享口福。這家小店的生意因此格外興隆。

可是，有一天，老人在外面的兒子回家來了，他對老人的經營方式很不以為然。他說：「老爸，你不能這樣子經營。現在是經濟蕭條時期，這樣的時候，你應該首先想辦法降低你的經營成本。比如廣告牌就可以不要了，這樣可以省下一筆電費；服務員也不要用四個，有兩個就夠了。而你老是站在路邊上迎接顧客，這是浪費時間，你應該親自到廚房去配菜和調料。此外，讓供應商給我們提供更加低廉的麵包和熱狗就行了，泡菜的原料也不用那麼好的，洋蔥可以省掉，這樣的話，一定可以節省很多開支。要想度過現在的經濟危機，就必須這麼做才對。」

兒子是從哈佛大學畢業的經濟管理學博士，老人自己沒有多少文化，聽了兒子一番建議，自然以為兒子是對的。因此，他按照兒子的吩咐去做：把路上的廣告牌給拆除了，服務員果真被他辭退了兩個，而且他親自下廚房去打雜，不再到門口迎送客人。結果呢，昔日熱鬧的小店，很快就變得冷冷清清，生意自然就蕭條了。

過了兩個月，老人的兒子再次回到家裡，問父親現在小店的經營這麼樣？老人甚至沒有意識到事情是如何發生變化的，他竟然回答兒子：「你的觀點太對了，現在的經濟的確不景氣，人們也來得越來越少了。」

洛克菲勒分析這位老人之所以會把生意做壞了，原因就是不懂得正確分析形勢，盲目相信了兒子的判斷，而沒有堅持自己的一貫做法，走向最後的成功。他教導自己的兒子說：

我有過多次這樣的經歷，幾乎每一次我的想法和計劃都會遭到很多人的反對。當然，我也會盡一切努力去作必要的解釋。當年，我為了獲得會計師資格證書，努力了10年，而好不容易得到這一切，前途光明時，卻又放棄了轉而投身到企業界。其時，我也曾遭到家人和朋友們的反對。我現在回憶起這些情景來，歷歷在目，記憶猶新，彷彿就發生在昨天，因為他們對我產生的影響實在是太大了。尤其是，當時已經有幾家知名的公司，想高薪聘請我去擔任他們的總會計師之職，都被我拒絕了。在我的家人和朋友們眼中，當時我的思維可能有點問題。可是如今，我們公司的年營業額，已高達七千萬美元，可想我當時的選擇的正確性。

因此，只要你有那種——永不言敗、樂觀向上、勇往直前的精神。對於任何一個、哪怕是世界上最優秀的企業家來說，這都是非常難得的品質。

有十個煩惱，比只有一個煩惱好

看了這句話，人們一定會以為是不是寫錯了？人們巴不得離煩惱遠一點，哪有這樣的道理，煩惱越多越好？其實，這句話也可以看做是猶太人的經驗之談。

為什麼呢？原來，人生根本不可能只有一個煩惱的，一個是人從識字的時候，就逐漸有了煩惱。因為這個時候人已經開始記事，漸漸脫離了懵懵懂懂的年紀，生活當中的印記會漸漸在他心裡刻下烙痕。而人對於愉快的事總是更容易忘記，對於痛苦的事卻記得更牢。

猶太人這種觀念大約從他們的民族一誕生的時候就有了。猶太民族從一開始就與其他民族有著糾纏不休的矛盾。他們被趕出家園後，遭遇的困苦和艱難無法勝數，在長期的流浪生活中，飢餓、乾渴、疾病、勞累以及仇敵的迫害和殺戮等等，使他們承受了其他民族難以承受的壓力和重負，所有這些，也反過來培養了他們蔑視煩惱，善於忍受的氣質和品格。

把人生的目光朝向前方

有一個猶太人因觸怒了國王即將被處死。這個人知道國王特別喜歡他的馬，便想了一個計策，來拖延自己的死期。他對國王說：

「尊敬的陛下，您要是能給我一年時間，我就能使你最心愛的坐騎飛起來。如果一年以後您的馬不能飛上天空的話，那就請您砍下我的頭。」

國王於是答應了他的要求，給他一年時間來實現諾言。

然而，這個人並不是真的有讓馬飛起來的本事，因此，他回到牢房的時候，同監獄的犯人對他說：「你這傢伙怎麼敢信口開河呢？欺騙國王不是死路一條嗎？」

猶太人笑著說：「我已經是死罪了，本來今天就要死的，可是你看，我現在不是回來了嗎？」

「儘管你現在暫時不死，可是明年這個時候，你還是逃不掉一死的！」那個同牢房的人說。

「不錯。可是誰知道明年會發生什麼呢？」猶太人說道：「也許，明年那匹馬真的飛起來了也說不定。即使馬飛不起來，那麼，也許國王會死，要不我會生病而死，要不那匹馬會意外死去呢。就算我病死，那總比死在國王的斷頭台上要算善終了吧？」

猶太人的這個希望，在別人看來，是何等渺茫，何等荒唐，簡直就是痴心妄想！然而，他們不知道的是，正是懷抱著如此的希望，他們才能夠百折不撓地堅守著自己的人生，才能夠把漫漫的苦海當作可以跨越的階段。

猶太人的想法不是沒有依據的，讓馬能飛起來，就是他們為自己設定的一個目標，在這個目標指引下，無論生活多痛苦，無論路途多艱難，他們都有勇氣走下去。在納粹的集中營裡，他們每天眼睜睜地看著自己的同胞被屠殺，可是，我們並沒有聽說猶太人就此喪失希望、喪失信心而選擇自殺的，因為他們始終把目光朝向前方……

第5章

節儉美德，奢侈罪過
——廉恥心

絕對不會為物欲去花「冤枉錢」

在商界，還有著這麼一句話，說是三個猶太人在家打個噴嚏，全世界銀行業都將連鎖感冒。五個猶太商人湊在一起，便能控制整個世界的黃金市場。猶太人富可敵國，富甲天下，富得流油，富得冒汗。那麼，他們應當過著世界上最幸福、最奢華、最講究的生活了吧？

事實卻並非如此！猶太人其實是非常節儉與簡樸的民族，他們絕對不輕易揮霍和浪費錢財，甚至不願花費能夠節省下的每一分錢。

猶太人有這麼一句古訓：簡樸讓人接近上帝，奢侈讓人招致懲罰。

作為一個信仰虔誠的民族，猶太人可以說一直遵循著這樣一條古訓。

日本學者手島佑郎曾經常年在美國生活，他發現，無論是在芝加哥、紐約還是在洛杉磯，只要猶太人逛街，他們總是有辦法買到便宜貨。而不少猶太人購物，常常會去專賣廉價品的商店，他們並不像常人所想像的那樣喜歡使用名牌商品，而是買非品牌的化妝品、餐具之類加以替代。通過他長時期的觀察，他認為，猶太人的節儉，並不同於吝嗇。如果說，吝嗇鬼是在任何財物上都表現出一種特別的小氣的話，那麼猶太人則不，他們只是對奢侈的東西表現得吝嗇而已。換句話說，他們絕不會為了享受和物欲而縱情揮霍去花「冤枉錢」。

「奢侈」是一種病

美國康乃爾大學的經濟學、倫理學和公共政策學的羅伯特教授，專門研究現代世界正在一些地方蔓延的無節制揮霍的現象，發現這種現象的產生在很大程度上來源於現代人的一種虛榮心。他認為，那些所謂成功人士，那些富裕階層的人之所以會超越自己的消費而無休止地浪費金錢和資源，其實不過是為了向世人炫耀自己的「能力」。

他舉例說，在美國，一名CEO購買一幢面積達一千五百平方米的住宅不是因為居住的需要，而是因為與其地位相同的老板們擁有這麼大的住宅而已。達到一定地位的人，不僅要花錢購買與其地位相稱的住宅、游艇、轎車，還必須購買紅木家具，穿價值二百美元一雙的鞋、耗費三百五十美元一天的旅行等等。這些東西其實對於他來說，並不具有多少實用意義，不過是讓別人知道自己已經獲得的身份而已。

他引用另一位經濟學家凡伯倫發明的術語，稱這是一種「奢侈病」，其病因是，人們「關注相對處境」超過了「關注實際處境」。之所以這樣說，是因為，當一個年收入10萬元的人和一個年收入8萬元的人在一起的時候，他的幸福感一定很濃烈。而如果這個人，與一個年收入15萬元的人在一起的時候，他體驗到的竟不再是幸福，而不時會是顧影自憐。

當然，這不僅僅是個人的體驗了。

在旁人眼裡，同樣會產生這種心理變化。假如兩個同樣成就的人，一個駕駛法拉利跑車出行，另一個只開一輛普通商務轎車，那麼別人就會覺得對前者高看一眼而對後者的經營能力表示懷疑。有一位名叫史密斯的英國人寫文章這樣說：

同樣多的財富，讓你在世界絕大部分角落感到和克利薩斯一樣富有，但在蒙地卡羅或巴哈馬，你卻跟叫花子差不多。三位瑞典經濟學家發現，人類的幸福不光取決於絕對收入，還取決於他們在收入等級上的相對地位……很大程度上是因為，他們害怕在不平等的社會裡掉到最下層。很多相互衝突的因素出現在這個公式中。人們受「與左鄰右舍比富」的欲望的驅使，勃勃進取。正如馬克思所說：「馬有大有小。只要鄰居家的馬比較小，居民的一切社會要求就滿足了。可要是在這房子旁邊砌上一座宮殿，這座可愛的房子立刻縮成了小破棚子。」

這種心理在心理學上被稱為「攀比心理」。

奢侈病對社會的危害是相當大的。上層消費行為的失控，影響的並不僅僅是一個階層，他們對於整個社會的消費行為具有帶動作用，它會刺激各個階層的人追求奢華的狂熱，引起一種非理性消費潮流。並且，這種病很容易影響到下一代，它就像病毒一樣，會傳染給當事人的妻子、孩子、親友以及所有與他相關的人。

僅僅是為了滿足少數成功人士的消費心態，我們社會的資源消耗已經達到了不能承受的地步。有人曾這樣估算：假如全世界的人們都能理智消費的話，將資源消耗控制在實際需要而非虛榮需要的程度上，那麼，世界上的疾病、飢餓、貧窮現象將大大減少，因為現代生產力所創造的財富，應當能夠滿足地球上幾乎所有人的生存需要的。

洛克菲勒的孫子怎樣用錢？

洛克菲勒是世界上第一位億萬富翁，所以我們這本書裡常常會提到他。不過，這次我們不是介紹他本人的事跡，而是把他孫子使用零花錢的方式介紹給大家，讓大家從中體會猶太人的美德。

我們說過，洛克菲勒在教育子女方面非常嚴格，從小就鍛煉子女吃苦耐勞和獨立自主的能力。洛克菲勒建立了他的金錢帝國，但他決不任意消費這些金錢，也決不允許自己家族的成員躺在帝國的大廈裡恣意揮霍。他僅僅把自己當作這個帝國全部財產的管理者而不是擁有者。

他的兒子小約翰・D・洛克菲勒（與其父親同名，以至人們在其父親的名字前加上一個「老」字以示區別）繼承了父親的優點，同樣把勤勉和節儉視為整個家族不可丟棄的傳統。不知是巧合還是故意的安排，一九二〇年5月1日，在國際工人勞動節這一天，小約翰・D・洛克菲勒給自己14歲的兒子（後來人們稱之為洛克菲勒三世）寫下一封信，信的主要內容是指定將來兒子要成為洛克菲勒基金會（由老約翰・D・洛克菲勒設立的慈善機構）的主席，同時，與兒子簽下了一份備忘錄。備忘錄其實是一份關於洛克菲勒三世應當如何處理零用錢的原則，共計14項要求，現抄錄如下：

1．從5月1日起，約翰（指洛克菲勒三世）的零用錢起始標準每周1美元50美分（按：這就是說，小洛克菲勒給自己兒子規定的零用錢每天平均兩毛一左右）。

2．每周末核對賬目，如果當周約翰的財政記錄讓父親滿意，下周的零用錢增加10美分（但最高不超過每周兩美元）。

3．每周末核對賬目，如果當周約翰的財政記錄不符合規定或無法讓父親滿意，下周的零用錢下調10美分。

4．在任何一周，如果沒有可記錄的收入或支出，下周的零用錢保持本周水平。

5．每周末核對賬目，如果當周約翰的財政記錄合乎規定，但書寫或計算不能令爸爸滿意，下周的零用錢保持本周水平。

6．爸爸是零用錢水準調節的惟一評判人。

7．雙方同意至少20％的零用錢將用於公益事業。

8．雙方同意至少20％的零用錢將用於儲蓄。

9．雙方同意每項支出都必須清楚、確切地被記錄。

10．雙方同意在未經爸爸、媽媽或斯格爾思小姐（按：係約翰的家庭教師）的同意下，約翰不可以自己購買商品，並向爸爸、媽媽要錢。

11．雙方同意如果約翰需要購買零用錢使用範圍以外的商品時，約翰必須徵得爸爸、媽媽或斯格爾思小姐的同意。後者將給予約翰足夠的資金。找回的零錢和標明商品價格、找零的收據必須在商品購買的當天晚上交給資金的給予方。

12．雙方同意約翰不向任何家庭教師、爸爸的助手和他人要求墊付資金（車費除外）。

13．對於約翰存進銀行賬戶的零用錢，其超過20％的部分（見細則第八款），爸爸將向約翰的賬戶補加同等數量的存款。

14．以上零用錢公約細則將長期有效，直到簽字雙方同時決定修改其內容。

再以下，是小約翰・D・洛克菲勒和他的兒子的簽名。

這樣一份合約，真會讓出乎意外，大跌眼鏡。可是，這正體現了猶太人對待金錢的一項基本原則，這也正是洛克菲勒家族的基本傳統之一。

過著有限度的富裕生活

猶太人這些很有哲理的金錢觀是他們經營致富的一套奧秘。據說洛克菲勒財團的創始人約翰・洛克菲勒年輕時曾經發生過這樣一段趣聞——

有一天晚上，他從報紙看到一則出售「發財秘笈」的廣告，高興至極。第二天，他急急忙忙到書店去買了一本。回到家，他迫不及待地把買來的書打開一看，只見書內僅印有「勤儉」二個字，使他大為失望和生氣。

這一晚，他寢不成眠，反覆思考著那「秘笈」的「秘」在哪裡？起初，他認為一本書只有這麼簡單的兩個字，可能是書商和作者在欺騙讀者。而且，他一度想控告他們。但經過千思萬慮，他越想越覺得此書言之有理。要致富發財，除了勤儉以外，別無其它方法。

於是，他加倍努力工作，千方百計地增加收入節省下來。這樣堅持了五年，積存下八百美元，然後將這筆錢用於經營石油買賣，以致後來成為美國屈指可數的大富豪。

猶太人愛惜錢財的原理與勤儉相仿，他們一方面千方百計，努力賺錢，一方面也想盡各種辦法，節省不必要的開支。這正他們做生意比別人富有的秘密之一。

努力掙錢是開源的行動，設法省儉是節流的反映。巨大的財富需要努力追求得到，也需要杜絕漏洞，才能積聚。

洛克菲勒有一個習慣：每天晚上禱告之前，都要把自己當天所花的每一分錢記下來，弄清楚自己賺的錢哪兒去了，都是怎樣花掉的，什麼理由等等。在他的財產迅速增長之後，也沒有放棄這種的習慣。

當孩子們漸漸長大的時候，他把這個「發財秘笈」傳授給孩子們，而且身體力行地教他們實踐。他經常會收到各地寄來的包裹，當著孩子們的面，他會將包裹的紙和用來捆綁的繩子保留起來，以備使用。

為了節約，當然也是為了讓孩子們學會謙讓，他只給他們買了一輛自行車，讓他們彼此輪換著騎。

在他的影響下，孩子們都學會了如何節省，如何克制自己的欲望。作為石油大王的家庭，他的女兒看到暫時沒人在用的煤氣燈，會走過去將燈心擰小一點兒，而他的兒子小約翰・洛克菲勒由於前面三個是姐姐，直到8歲的時候，身上穿的竟然全是姐姐們穿過的裙子。

在我們許多人看來，洛克菲勒家族簡直到了吝嗇的地步，可是，要是反觀這個家族在慈善事業方面的大方和慷慨，就可以懂得，他們的節儉來自優秀的民族傳統。

猶太人的新一代富豪，也是谷歌的創辦人之一謝爾蓋•布林盡管已經躋身美國富人榜50強，他在個人消費方面卻保持了難得的簡樸本色。

據說，他至今租住著一套兩房兩廳的住宅，開一輛日本產的五人座混合動力轎車，價格不過二萬多美元，至多屬於中檔水平。作為當今美國最年輕的富翁，布林要倡導一種「有限度的富裕生活」，應當說，這體現了一種非常有益的精神。

管理風險的生意經

從經商角度而言，猶太人不是全然在做生意，而是在「管理風險」。

就他們的生存狀況來看，也需要很強的「管理風險」意識。猶太人不能乾坐著等「驅逐令」之類的厄運到來，更不能毫無準備地在關鍵時刻措手不及。在每次「暴風雨襲來」之時，他們都必須準確地把握「風雨」到底會不會來，來了有多大。

這種事關生存的處世技巧一旦形成，用到生意場上就遊刃有餘了。有不少時候，猶太人就依靠準確地投資種種「風險」而發跡。

猶太人很少在投資風險管理時顯露主觀情緒。即使在投機生意中，他們也十分講究穩妥可靠。

英文中，「投機」和「考察」是同義詞。

猶太人的投機買賣可說是對這個詞的最好詮釋。猶太人的考察，並不光看商品的流通情形，還要視某種買賣的商品在轉賣或交換之後的狀況，當事人對於這項交易的最後滿意度。猶太人最後決定的投機買賣一定是根據周詳和縝密的思索之後，所做出的商業行為。

除此之外，猶太商人經商時積極樂觀的態度也影響甚大。猶太民族歷經劫難，在看待事物的發展趨勢時卻常抱樂觀的態度，並採取相應的行動。事實上，無論經商還是做其它事，樂觀者總要多點幾機會，投中的次數達到的目標也更多些。

在上個世紀末，亞洲發生了一場震動全球的金融風暴。這場風暴從東南亞的國家刮起，頓時席捲整個亞洲，甚至波及到歐洲。風暴席捲之處，破產、倒閉、跳水、貶值……這些讓人談虎色變的詞語紛紛變成現實，有些國家不用說民間經濟，甚至連國家財政都處於搖搖欲墜的破產邊緣。

億萬人在這場金融風暴中遭受重大損失，過去的「中產階級」一變而為負資產者。但是，有一個人卻利用這個機會大膽出擊，從事金融冒險，獲利甚巨。他的「對沖基金」在金融風暴中左衝右突，如魚入水般自由往來，增值量達數十上百億美元。

這個人的名字叫索羅斯，是美國猶太金融家。有人誇張地說，索羅斯在金融投資中歷來就是無往而不勝，從未失過手。

雖然索羅斯擁有巨額財產，可是他卻一點也不奢華，不鋪張。他不抽煙、不喝酒，吃的也很簡單。他唯一的嗜好是和朋友們一起打網球，在打網球的同時當然也談生意，他覺得自己的生活已經很「舒適」。

索羅斯的行為和猶太人的傳統有關，也和他自己的親身經歷有關。第二次世界大戰結束的時候，居住在匈牙利的索羅斯希望過上好一些的生活，於是離開布達佩斯前往英國，去投奔他的一位親戚。不過，剛到英國的時候，日子也並不那麼好過。

據他自己說，在英國的第一年，他過的是那麼淒慘。他做過服務生，有時不得不吃殘羹剩飯；他去別人的農場，幫主人摘過蘋果，當過油漆匠，他的伙食是那樣糟糕，以至他「甚至嫉妒房東家的貓，因為它不愁吃穿。」他回憶說，就是在那個時候，他學會了怎樣攢錢。他每周給自己定下的預算是四英鎊，他的每一筆開支都記錄在自己的賬目上，目標是把每個禮拜的花費控制在4英鎊之內。

盡管他目前已是世界級的富豪了，但索羅斯的人生理想也不過是過有限度的富裕生活。能夠恪守這種理想，沒有堅定的人生信念是做不到的。

面對金錢保持健康正常的理性

對錢的節儉，並不是做一個吝嗇鬼，像巴爾扎克小說《歐也尼·葛朗台》所描述的那樣。那樣的話，就成了金錢的奴隸。

節儉，是一種美德，這其中包含了對勞動的尊重，當然也是對錢的尊重。如果任意揮霍金錢的話，那就不光是浪費，是有意炫耀，甚至還可能是一種人格病態。反過來說，過於吝嗇，時時處處刻薄自己和他人的人，也是一種不健康的表現。唯有心靈健康的人，才能夠在金錢面前保持一種正常的理性。猶太人的《傳道書》是這樣看待生活的：

美麗、力量、財富、榮譽、智慧、年老、成熟和孩子氣都是正當的。而且這個就是世界。去吧，高高興興地吃麵包，快快樂樂地喝酒，你的行為早已經得到了上帝的恩准。把你的衣服洗得乾乾淨淨，頭上永遠不要缺了香油。和你鍾情的女人共浴愛河吧，一生中飛馳而過的歲月都是在陽光下賦予你的——你所有飛馳而過的歲月。僅僅為此，憑著你在陽光下所獲得的權利，你可以盡力發掘你的生活。

不管什麼，只要在你權利許可的範圍內，你就用最大的力量去做。因為在你即將進入的未來世界裡，沒有行動，沒有思想，沒有學問，沒有智慧。

即使一個人已經活了很久，也要讓他盡情享受，要記得將來黑暗的日子會多麼漫長。那唯一的將來是一片虛空。

卡恩來到一家大型百貨公司裡，看著滿眼琳琅滿目的商品，感到有些眼花繚亂。這時候，他看見一位衣冠楚楚的紳士正站在面前，嘴裡叼著一根雪茄。卡恩腦子很靈敏，他走上去對紳士說：

「您抽的雪茄，我在那邊就聞到香味了，味道真的很香很香，價格一定不便宜吧？」

紳士回答說：「要2個美元一支吧！」

卡恩一聽，不禁叫了起來：

「好傢伙，果真貴得很哪！請問您一天要抽多少支雪茄呢？」

「10支左右。」

「天哪，您抽煙抽了多久了？」

「40年前就抽上了。」

「什麼？40年！天啊！太可惜了。要我說呀，這40年您要是不抽煙的話，省下的錢可足夠買下這家百貨公司了。」卡恩用手指著周圍的商品和貨架，誇張地說道。

這時，那位紳士反過來問他：

「您一定不抽煙了？」

「我不抽煙。」

「那麼，您打算買下這家百貨公司了嗎？」

「哪裡，這得多少錢呀，我可不敢想這個事情。」

「我告訴你吧，這家百貨公司就是我的！」

這位紳士，這位猶太人，他處理生意和生活的關係就是這樣理智。

第6章

平等觀念，人本意識——博愛心

己所不欲，勿施於人

猶太教曾經有一位首席拉比希萊爾，他出身貧寒，所以對身處社會地層的人們有著很深的同情心。他聰明而早慧，在對教義的學習和領悟上比別人有著更快更深的獨到之處。憑著這一點，後來他繼承了猶太教義的衣缽。

有一次，他們那裡來了一個游方的人，那個人表面上是慕希萊爾之名來拜訪他，但實際上是不服別人的盛名要來一比高低的。他見到希萊爾後，提出了一個非常偏執的請求，他要求希萊爾在他抬起自己的一條腿站立的時間裡，把所有的猶太教學問都告訴他，並且許諾：如果希萊爾做到了，他將皈依猶太教。

希萊爾答應說：好吧。

等那個人的腳剛剛抬起來，希萊爾就說：

「不要向別人要求自己也不願意做的事！」

希萊爾告訴他：這就是我們猶太教全部的學問所在。

過一般人的生活很重要

猶太人雖然善於賺錢，可是由於他們長期以來沒有自己的國家，在全世界到處流浪，所以能夠在一地當上行政官員的情況十分少見。雖然美國的季辛吉擔任過國務卿，稱得上一代宰相，但那畢竟是現代社會才可能發生的事，而以前，他們只能靠經商、靠手藝、靠頭腦為生，靠智慧生存，權利對於他們這個民族來說，應當是很陌生的。

正因為此，這個民族不像那些古老的民族，對於政治、對於官場、對於權力表現出萬分的熱衷和崇拜，而由政治、官場和權力孳生而來的頤指氣使、神氣活現、盛氣凌人等等的現象在他們那裡很少見到。

相反地，他們待人誠懇而周到，禮貌而恭敬，決不會有所謂「狗眼看人低」，把人分成不同的階層，猶太人不會見到貴人和見到普通人表現出兩種臉色的情況發生。

除了賺錢，他們最希望的是「過一般人的生活」。

有一位拉比，對神虔誠，對人恭謹，做任何事情十分審慎而有節制。他一生行為高潔，從沒有違背上帝教導的行為在他身上發生。加上他具有淵博的知識和高深的學問，因此他受到當地人們的高度熱愛和景仰。

問心無愧而行為有道的人應當長壽，這是人們的衷心祝願，而他恰好成為這一心願的印證。他活到了八十歲。

當他過完八十歲生日之後，有一天，他感覺身體一下子衰弱起來，身體機能加速退化了。於是，預感到自己已接近生命的尾聲。他必須把自己的遺言留給弟子，便通知弟子們來到他的床前。弟子們到齊之後，他沒有說話，卻哽咽著哭了起來。

弟子們一下子緊張起來，趕忙勸慰他們的老師：

「老師，在這個時候，您為什麼要哭呢？難道您一生當中有一天放鬆了自己的學習，沒有讀書嗎？難道您有過一天因為懶惰和疏忽忘記了教導自己的學生嗎？難道您有一天沒有代替上帝向眾人行善嗎？您是最敬神的人，在我們這兒，您也是最受尊敬的人。您的一生完美無缺，無怨無悔，您有什麼值得哭的地方呢！」

拉比用仁慈的眼神看著自己的學生們，說道：

「你們說的並不錯，可是，正因為這樣，我才要哭的。就像你們所說的那樣，剛才我的確反省了一生，問過了自己：你讀書了？你敬神了？你行善了？你所有的行為是否符合神的教導？不錯，這些我的確都做到了。

「可是，我想起問自己：你是否曾經像一個普通人那樣，參加了一般人的生活？我只能遺憾地告訴自己：沒有。我過了拉比的生活，卻沒有過一般人的生活，這就是我哭的原因啊！」

聽完老師一席話，弟子們對自己的老師更加了解，也更加尊敬了。

不過，話說回來，有些人要過「一般人的生活」，竟是那麼遙不可及。

因此，我們除了羨慕別人的成就，也應為自己的平凡而慶幸！

兩個故事說明猶太人的基本品行

有一天，一位拉比在路上碰到兩個孩子正在比個頭高低，結果爭來吵去沒有個結論。於是，其中一個力氣大點的孩子就強迫另一個孩子站到旁邊的一口水缸裡，而自己則站在缸沿上，宣布：我比你高！

拉比看見這種情況，於是對弟子們說：如果世界上的人們都這樣，為了證實自己比別人強，就強迫別人下到水缸裡，自己則爬到高處去炫耀，去獲取優勝的資格，那就太可悲了。

但是，在猶太人中，有學問、有道德的人是絕對不會這麼做的。

一次，幾位拉比要在一起開會，商議一件重要的事情。會議主持人原來邀請了六個人參加，可開會的時候卻多了一個人。肯定其中有一個人未被邀請，屬於不請自來。到底是誰呢？大家正面面相覷的時候，裡面一位最有名望的拉比站起來，轉身走到門外去，表示他就是那位未收到邀請的人。其實，真正弄錯了的並不是他，他這樣做是考慮到，那位弄錯了的拉比在這樣一種場合，要是起來承認自己弄錯了的話，可真是一件難堪的事。於是他就想到了自己來承當這一份尷尬。

《箴言》所體現的基本精神

不能讓貧窮的人更貧窮，
不能讓被虐待的人再出醜。
損害這些人生命的人就是損害自己，
敬畏上帝的人才是幸運的。
鐵石心腸的人會招來災禍，
就像是吼叫的獅子和飢餓的狗熊。
沒有覺悟的統治者是殘忍的，
憎惡不正當利益的人長命百歲。
國王如能讓窮人得到公平，
他的王位將永遠堅如磐石。

——《箴言》

這些箴言是猶太人鼎盛時期所羅門王時代由以色列宮廷貴族們編寫的，編寫箴言的目的是為了作為教育猶太貴族子女的讀物。

但所羅門王的時代是猶太民族處於輝煌階段的時候，他們的上層人士能夠有這樣的清醒的看法，實在不簡單！

每個人都可能成為真理的發現者

日本學者手島佑郎曾經在猶太大學讀書，他對於猶太人的生活習性十分了解。據他觀察，猶太人內部是十分平等的，他們從不根據個人的身份來區分高低貴賤，也不把人的職業分成三六九等。他寫道：在以色列，上至軍隊下至普通百姓，人們相互之間都不用敬語，而是直呼其名，要不就用暱稱。

猶太人之間平等相待的觀念是出自古老的習慣。從前，拉比們開會，研究教義問題，發言不是按照資格從大到小或從尊到卑，而是從年少的開始。拉比們認為，如果不是這樣，由高齡者或地位尊貴者先發了言，那接下來的人發言就會受到約束，有所顧忌，從而不能真實表達自己的想法。正因為長期養成的平等意識，所以猶太人哪怕面對權威，也不會戰戰兢兢，權威們的意見，他也只是認為那不過是某個人的意見。這樣的情況比比皆是，只要具有深厚的知識和敏銳的觀察力，每個人都可能成為真理的發現者。

猶太人還認為，所謂「法」是上帝賜予的，在上帝面前，每個人都是平等的，沒有任何特權。只有遵從法律而不是遵從權威，才被認為是實現上帝意旨的根本途徑。上帝面前人人平等，由此而引申出「法律面前人人平等」的觀念，是猶太人給世界的一個重要奉獻。

洛克菲勒對兒子的批評

老洛克菲勒在任的時候，為了提高公司的競爭力，非常注重對員工的訓練和培養，每年花在這方面的開支是巨大的，尤其是公司高級管理人員，從他進公司那一天起，一直到成長為一名合格的白領，那些花費是很可觀的。老洛克菲勒的原則是，不要輕易辭退一名員工，也不要讓他們由於對公司不滿意的原因而去職，總之，要盡量「將員工的離職率降到最低點」。然而，小洛克菲勒在接任公司管理權之後的第四個月，公司有一名叫泰勒的員工向公司遞交了辭職報告。聽到這個消息，老洛克菲勒的感覺是「很震驚」，於是他提起筆，親自給兒子寫下了一封信。

信上說，他知道「泰勒是一個性格很特別的人，但是，在業務上他又是一個極其難得的人才。」洛克菲勒知道兒子和泰勒相處不來，主要是由於泰勒那怪異的性格。不過，在這件事情上，老洛克菲勒批評的主要是自己的兒子。他說，在泰勒辭職這件事情上，兒子有值得反省的地方。因為，僅僅是泰勒性格讓人看不慣，就必須要辭職，那是由於老板的狂妄自大所造成的。洛克菲勒告誡兒子，發跡於他們那個年代的企業家，「幾乎都有瘋狂的性格傾向」，但性格不同甚至有些怪異，並不是某個人的罪過，反而，它體現了「造物者的神奇」。作為老板，對這一點必須清醒認識，必須寬容，必須學會尊重別人，必須允許別人的個性和思維方式與自己的不一樣，必須懂得認可每一個人的工作成績。在老洛克菲勒的經驗裡，每一個人都是與他人不同的，這決不是別人的錯誤，而我們自己必須學會和他們相處。他說：

我們的公司需要他們，他們也需要我們的公司。當你在指責他們的性格特點的時候，其實只是你自己的愛好、看法、處世方式、人生觀和他們有些不同而已，並且此時你的地位比他們優越，所以你可以去指責他們。簡單地說，就是一不同的人，就會有不同的看法。同樣的事情，一千個人會有一千種結果……同事們對你和我的性格特點，肯定也會有一些他們的不同看法，只是他們不願意當面說出來罷了。

所以，在工作中，你最好不要去觸及員工們的性格弱點，更不要斤斤計較這些小事情。因為我們的目標是要把工作做好，而不是要把所有的員工都調教成一個模式，事實上，這也是不可能的事情。除非你自己想要脫離這個團體，否則你永遠也別想把你的想法強加到員工的頭上。你所關注的，僅僅是公司的業績。而對於他們用什麼樣的方式、什麼時候去完成他們的工作任務，則是他們自己的事情，你不要多加干涉，除非超時或完成的質量不行。但是他們自己也很明白這一點，所以一般不會出現這樣的結果。

……我親愛的兒子，我真的希望你能清楚地認識到這件事情。我們只是公司的經營者，而不是員工們的性格調教師。我們沒有這樣的權力，也沒有這樣的義務。

洛克菲勒甚至直接誇獎泰勒是一名優秀的員工，希望兒子能學會保持員工的工作士氣，保持公司的和睦氛圍。並用開玩笑的口吻對兒子說，如果不能做到這一點，那麼，「我得趕在你還沒有把我們公司的員工趕光之前，把你送進精神病院，去療養一段時間。」

在這封信裡，洛克菲勒展示了一代優秀企業家寬廣的胸襟和眼光。他把對員工人格、性格、品格的尊重看做是企業管理人員的一項基本素質，他明確地認為，員工雖然是企業的資本，但決不是老板個人的私有產品。要讓他們有成就感，要鼓勵他們，幫助他們實現自己的人生理想，而最好的企業家是，他能夠將企業的目標和員工們的人生目標結合起來，這樣的企業將是一個和諧完美的團隊。

「納什均衡」——
對人性的洞察和把握

有一位經濟學家寫過一段文字，說明單純的掙錢和做企業的能力並不能夠相提並論。一個優秀的企業家，必須是能夠充分尊重人和理解人的，而尊重人和理解人，首先需要的是對人性的深刻洞察和把握。這段文字如下：

一、「納什均衡」中有這樣一條定理：如果你知道了他人的選擇之後，你就能做出對自己最有利的選擇。所以，反過來講，隱私權實際上是人們實施自我保護的重要權利。進而言之，尊重他人的此項權利就是希望社會也能尊重自己的這項權利。

二、每一個人的意願都是非常個性化的，所以因不同的意願做出的各種選擇也是複雜的，我們只能對他人的選擇提出某種建議，而不可能代替他人做出選擇——這就是對人的尊重。

三、信息不對稱是永遠存在的，所以對人的尊重，就是尊重他人處理自己擁有的全部信息的權利。

做到上述要求的目的，從企業方面來講，當然是最大限度地調動員工的積極性和創造力，讓他們能夠心甘情願地站在企業的立場，和企業同心同德，同生死，共存亡。

洛克菲勒們的成功，固然與其過人的聰敏和智慧密不可分，但更與他們對人性深刻的洞察和把握、對人的充分關愛和尊重密不可分。

我們再來看看Google創始人之一謝爾蓋・布林通過創新取得成功的例子，這裡有必要再補充介紹一些他成功的另一方面的因素。

謝爾蓋・布林讀博士期間休學創業，以後一直沒有機會去完成自己的博士學業，但是，他非常傾向於招收那些有著博士學位的人，在他的公司中，擁有博士學位者占到員工總數的5％。布林懂得，高素質的員工、具有創造力的員工和那些只會聽從指揮，從不懂得動腦子的人不同，他們喜歡思考，喜歡按照自己的思維方式去行事，他們決不是唯唯諾諾的人。

於是，布林在公司裡設立了一個不成文的規定：所有的工程師在工作日不要求整天忙忙碌碌於具體事務，而是每天至少要拿出四分之一的時間來從事創造性的思維，來設想領先於時代的點子，哪怕這些點子可能對公司的財務前景造成不利。

布林還允許員工用20％的時間從事自己所感興趣的任意一項工作而不看作違反工作紀律。當然，這些人在工作時間所獲得的研究成果，必須賣給公司。更讓那些習慣於傳統的人不可思議的方面是，布林居然允許員工們帶著自己的孩子甚至寵物來公司上班，而且，公司裡重要崗位的員工都擁有單獨屬於自己的辦公室，而且辦公室內的裝修按照其本人的意願進行，充分體現個性化的色彩而不必整齊劃一。當然，在對員工們生活方面，他的安排也細致入微，員工們在公司用餐、沐浴、健身、按摩、洗衣甚至看病，全部百分百免費，真正創造了一種「免費型」的大家庭公司文化。

二〇一四年谷歌獲得美國最佳雇主，前五名的第一名。每年都有二百萬人，寄出求職申請書想要進入這家全球最幸福的公司！

做有人情味的商人

美國國際農機公司的創始人、世界上第一部收割機的發明者西洛斯・梅考克，他的行為與此恰成鮮明的對照。

西洛斯・梅考克掌握著公司的所有大權，但他卻從來不「濫用」職權。他懂得，人的權利是平等的，即使他是你屬下的員工也是如此。在實際工作中，他既堅持制度的原則性，同時在處理事件時又體現濃郁的人情味。

有一次，一位在梅考克的公司當年處於困難時期和他一起共度難關的老員工違反了公司制度，酗酒鬧事，遲到早退，公司的管理層做出了將其辭退的決定，梅考克批准了這一決定。但事後，梅考克了解到這位員工的家庭情況，發現他之所以會變成這個樣子，是因為妻子去世，留下的兩個孩子，一個跌斷了腿，另一個小的孩子因為吃不到媽媽的奶水日夜啼哭。老員工不堪家庭壓力，在極度的痛苦中借酒澆愁，所以影響了工作。

於是，梅考克主動找到這位員工，對他說：「你不是把我當作朋友嗎？現在你什麼都不要想，趕緊回家料理後事，照顧孩子們。你放寬心，我不會讓你走上絕路的。」說完，從事先準備的包裡掏出一大疊鈔票遞給他——這些鈔票足以解決這位員工眼前的困難。

凱姆朗公司的經營思想——愛的精神

美國的凱姆朗公司是一家很小的服務性公司，它的經營業務很小，範圍也很狹窄，不過就是幫助客戶的住宅草坪施施肥、噴噴藥而已。這家公司的員工起初不過只有5個人。但是，公司的創始人杜克先生卻有著和別的企業家不一樣的思想。一般而言，一個人辦了企業，首先想到的是如何盡快使它賺錢，如何占有市場份額，如何迅速發展壯大，而杜克先生卻不是這樣。

杜克早年曾經歷過非常窮困的生活，一九四九年的時候，他為了養活自己年邁的父母和三個孩子，不得不終止自己的大學學業而回到家裡的小農場裡幹活。到一九六八年，他下定決心，將自己的小農場賣掉，再從親朋好友那兒借了幾萬美元，開辦了這家凱姆朗公司。這家只有5個人的公司裡，員工甚至還包括他那年紀已經70歲高齡的父親。

公司的起步自然很艱苦，所以杜克經常一大早就開車出門，去替自己的顧客修剪草坪、養護花木，總是要幹到天黑才能回來。這樣的辛勞一直持續了好幾年。

杜克對自己的父親十分愛護，對公司其他成員自然也一視同仁，他將他們視為自己家庭的一部分，總是替他們的生活和需求考慮。再加上他自己親身參加勞動，也總能設身處地地想到員工們的艱苦。杜克的做法自然使所有的員工對公司都抱有一種「家庭」的感覺，所以他們對待自己的工作也非常地盡職盡責，認為自己不僅是在替老板幹活，同時也是在為自己幹活。

別看杜克的父親年紀已經大了，但他多年的人生經驗卻為公司起到了不可代替的作用。父親把員工都看做和自己的兒子一樣，他總是告誡杜克：

我們的人第一，顧客第二，這樣做，一切都會順利。

杜克非常贊同父親的看法，所以他和員工們處得簡直就和親兄弟一樣，他甚至讓員工參與公司的決策，每次重大的決定，都要事先和員工們進行商量。而且，即使是那些只負責施肥和噴藥的員工，在凱姆朗公司也被稱為「草坪養護專家」，而不是一般「工人」。杜克在管理上「以人為本」，而員工們也以公司為家，大家齊心協力，把公司的名氣辦得越來越大。

員工們既然對公司的發展有了參與意識，在處理和顧客的關係上自然也就非常主動。由於殺蟲藥具有毒性，員工每次給顧客噴灑了藥物後，都會在顧客的門上掛上一個牌子，上面寫著提醒事項。「藥液未乾前，請不要在草坪上坐臥。」就是這樣一句簡單的話，體現了凱姆朗公司與眾不同的作風，從而打動了眾多客戶的心。

員工們去給顧客處理草坪和花圃，一般都是獨自外出，而這些工作的責任心非常強，稍不注意，就會出現差錯，或者與顧客提出的要求不盡吻合，比如折斷樹枝，或者碰壞花盆等等。一旦出了錯，員工們總是自覺賠償，分毫不差，根本就不需要顧客前來提醒。這樣的話，公司的聲譽一天比一天提高，對凱姆朗公司也越來越信賴，所以，凱姆朗公司開業16年後，員工發展到五千多名，壯大了十倍，而年營業額竟高達3億美元。

公司發展了，杜克的管理思想並沒有發生絲毫變化，他照樣用自己真誠的愛心對待所有員工。一次，他主動提議購買位於萊尼湖畔的廢船塢，把它改造成公司職工的免費度假村，公司的高級財務管理人員費了老大的勁才說服他放棄這一想法，因為他們認為這超出了公司的支付能力。後來他瞞著財務人員買下一條艘華郵輪，供職工度假使用，還包租了一架飛機讓工人去華盛頓旅游。

事後，一位主管財務的副總裁對別人說：「杜克要我簽字的時候，根本就不知道我是否付得起這筆錢，可是，當我想到那些從來沒有坐過飛機的工人上飛機時的表情時，我再也無話可說了。」

第7章

張弛有度，進退有節——節制心

休息日就是聖日

摩西十戒裡有一條是：

當守安息日為聖日。

前六天做工，第七天歇息，任何工作都不能做。

《聖經》故事裡講上帝創世紀，前五天創造了天地萬物，第六天創造了人，到第七天的時候，他就休息了。「他賜福給第七日，聖化那一天為特別的日子；因為他已經完成了創造，在那一天歇工休息了。」

猶太人恪守《聖經》裡的教導，他們在人間不折不扣地按照上帝的行為去做，所以，每個禮拜的第七天，都安排來做禮拜，敬奉上帝。當然，這也是讓疲勞了一周的身體可以得到休息。猶太人的這種智慧在當時可以算得上是世界罕見的。從世界歷史來看，能夠像猶太人這樣每隔六天就花出整整一天時間什麼活也不幹，簡直就像是天方夜譚。

古埃及文明、古希臘文明、古羅馬文明和印度文明裡，都沒有猶太人這樣的行為。但猶太人的休息是全民的，在這個時間裡，他們不從事任何體力勞動和商業交易，而只是集中到一起誦讀祈禱文，聽拉比們講解《聖經》裡那些深邃的思想和感人的故事。這樣，平時緊張的情緒可以得到放鬆，而精神卻同時得到昇華。

以前，猶太人都把這樣的安排當成是神的旨意，現在，世界上幾乎所有的人都認識到，「不會休息，就不會工作」這個道理。一個人不論多麼聰明，多麼能幹，假如不善於調節的話，就容易勞累過度，反而使得效率降低。「八分的緊張和二分的鬆弛」，這樣才能保持最好的工作狀態。

猶太人不像日本人那樣是工作狂，他們做事情總是條理有序，張弛有度。他們的計劃很詳細，他們的行動很果斷，但他們的安排也很周密，決不因為緊張就不顧一切。

猶太人曾經這樣算賬：

一個人每工作一小時可以掙得50美元，一天工作8小時就是400美元。如果每天休息一個小時，一年就是365個小時，這樣算起來等於18000美元。這值得嗎？

但是，從另外一個角度算賬，結論又完全不同。

假如一個人一天工作8小時，一下都不休息，一天可以賺400美元，除去星期天，一年可以賺12萬美元。但由於身體壓力過大，受到損害，減少壽命5年的話，總共將減少收入60萬美元。要是這個人每天休息1小時，每天將減少收入50美元，一年就是15000美元。假如他的工作年限是三十年，所減少的收入也才45萬美元。增加壽命5年，可以多掙60萬，減少工作時間，減少收入45萬，這樣一正一反來計算，這個人一生還能夠淨賺15萬美元。

正因為這樣來算人生的帳，所以猶太人對於休息日是不輕易放棄的。而且，在假日裡，他們一般不談論有關工作上的事，不思考有關工作方面的問題，他們要求得真正的放鬆。

在猶太人眼裡，工作是神聖的，沒有工作就不會有食物；但休息也是神聖的，因為只有工作而沒有閒暇，人會喪失他的靈性。這同樣也是瀆神啊！

自我約束，拒絕貪婪

猶太人那兒也有一個狐狸吃葡萄的故事，不過這隻狐狸吃到了葡萄，但它同樣得出了一個結論。起先，葡萄園圍著籬笆，狐狸也進不去，可是它不像伊索筆下的狐狸耐不住性子，而是圍著葡萄園轉圈子。就這樣連續餓了三天，餓得皮包骨頭，卻意外地能夠從一個小洞裡鑽進去了。進了葡萄園，狐狸便敞開自己的肚皮拼命地撐，直到把肚皮撐得圓鼓鼓的。可是，它想從葡萄園出來時卻沒法出來了，於是不得已，又把自己餓了三天，這才從原先那個洞裡鑽出來。離開葡萄園的時候，狐狸感慨地說：

「多麼美麗的葡萄圓啊，你的果子又多麼好吃，你的一切都值得贊美。可是，你究竟給了我什麼呢？我怎樣進去，就得怎樣離開。」

一位令人尊敬的拉比在路上遇見了一個滿臉灰塵，風塵僕僕的路人。那個路人問拉比：「我想請您告訴我，從這裡到北城門有多少路程？」

拉比回答他：「按正常的走法，今天晚上可以到達，要是趕得太急的話，說不定明天早晨也到不了。」

這個路人聽了很氣憤：天下哪有這樣的道理？走快一點反而到不了，走慢些才能趕到？哼，這簡直是無稽之談嘛！撂下了拉比又急匆匆朝前趕去。可是，真是欲速則不達，這個人還沒趕到北城門，由於太疲累了，他在半路上暈過去了。

懶螞蟻和聰明人

最近，英國科學家研究出一種理論，說世界上最聰明的人多數都是懶人。之所以得出這個結論，是因為他們根據人類中的許多現象歸納出這樣的事實：幾乎所有的發明都是因為有人不願意花費那麼多的功夫、那麼繁重而瑣碎的勞動去做某樣事，於是就絞盡腦汁要減少自己付出的辛勞，於是，新的工具、新的發明就產生了。其實，這種理論也得自於對生物界的觀察。

有科學家發現，在幾乎所有的螞蟻群中，總是有少量的螞蟻不像其它那些螞蟻那樣勤快。它們懶洋洋的，既不主動尋找食物，又不願幹累活，於是就跟在別的螞蟻後面「揀便宜」。令科學家奇怪的是，這樣的螞蟻在螞蟻群中並沒有受到驅逐，反而被大家所容忍。最後，科學家發現，每當關鍵的時候，這些懶螞蟻所發揮的作用，可是那些勤快的螞蟻所無法替代的。螞蟻是一種十分弱小的動物，它們的生存基礎很容易受到環境變化的影響，比如說下大雨、刮大風或有別的動物侵入它們的領地等等。當周圍的環境發生重大變化，螞蟻們原先的覓食場所遭到破壞的時候，大多數螞蟻都急匆匆地，慌不著調，沒頭亂竄，這個時候，那些平時看起來懶懶散散的螞蟻卻挺身而出，將螞蟻的隊伍帶到一個安全的、有食物的新的居住地。

這些懶螞蟻是如何做到這一點的，科學家們尚未發現其中奧秘，但他們深信，正是這些螞蟻平時不那麼勞碌和緊張，所以它們能夠有空閒隨時注意和發現生存環境中一絲一毫細小的變化，並了解到與當前生存看起來沒有關係的另外一些事實。而這些知識，只有在關鍵的時刻才會起到作用。假如螞蟻群不能容忍這些螞蟻「懶惰」的話，那麼一到危機時刻，蟻群就將遭到滅頂之災。

猶太人雖然善於經商，他們在經商時所表現出來的敏捷和機變讓人們不得不嘆服，但他們在習性上卻不像那些盲目而勤奮異常的螞蟻們，他們善於運用智慧，是因為他們懂得清閒、懂得休息、懂得合理安排時間，懂得有張有弛是保持清醒、保持創造力的最佳途徑。

有一個日本人回憶，他一次和猶太富翁富凱爾博士去東京神田區參加一個由當地所有書店聯合舉辦的舊書展銷會。東京是世界上人口密度最高的城市之一，這次書展又是一次很少舉辦的大規模行動，因此許多的日本人都不辭辛苦來到這裡。因此，當富凱爾博士和他的日本朋友乘車來到這裡的時候，這裡早已是人山人海，擠得水洩不通。兩人只好在離展銷地還有一公里遠的地方下車，步行前往目的地。好不容易進了展場，早已是滿身大汗。

富凱爾博士有所感慨地發起了牢騷：

「唉，日本的人口怎麼這麼多？他們每天慌慌張張地在街上擠來擠去，不知道做些什麼！哼，三個日本人一天做的事，我一天就可以做完。」

他的日本朋友聽了當然不高興，於是反駁說：

「你每天下午兩三點鐘的時候，都要來我家裡聊天，日本人哪裡有像你這樣懶怠的傢伙！」

博士聽了，也不生氣。他向日本朋友解釋說：

「你聽我分析一下就明白了。真正的聰明人，他們的日子都過得比較清閒。為什麼呢？因為他們肯動腦筋，所以他們幹一個小時的工作所能夠獲得的報酬，比別人花10個小時所得的報酬還要多。所以，他們能過得既富裕又清閒。你想想，一個人整天在街上忙亂地竄來竄去，緊張地奔走，不給自己留下一點思考的時間，他們不知道如何節省時間，不知道如何改變自己，不知道如何去創造新的機會，又怎麼會有大的成就呢？」

日本朋友一聽，這才明白了富凱爾博士的意思。

神賜給我們的時間，每個人都是24小時。可是，有的人運用這24小時，能成就大的事業，有的人盡管把這些時間都填得滿滿的，卻到頭來沒沒無聞，無所作為，合理地安排和運用時間，可是一門很大很大的學問。

獎懶責勤的漢弗特

漢弗特是一名大飯店的猶太老板，他早就明白前面所說的科學家們總結出來的道理：聰明人未必是勤快人，勤快人往往在工作中更加盲目，不動腦筋。到年終的時候，他會讓員工們自己評出10名最勤快的人和10名最懶的人。評選結果出來後，他把那10名最懶的人叫到辦公室裡。這些人心裡都很忐忑，心想這下事情不妙，老板說不定會抄我魷魚呢。

可是誰知道，一進門，漢弗特卻滿面笑容地說：

「祝賀各位榮幸地被評為本公司最優秀的員工！」

看見這10個人驚奇的樣子，漢弗特請他們入座，然後真誠地對他們說：

「其實，在整個一年裡，我就已經對你們幾位的工作做了觀察。比起其他員工，你們的確在工作上花的力氣少一些，但是，這裡的原因是，你們總是一次就把餐具送到餐桌上，習慣一次就把客人的房間收拾乾淨，一次就把該幹的工作幹完，討厭多走半步路，討厭做第二次。因此，你們閒下來的機會自然就多，在別人眼裡，你們似乎在偷懶。但是依我來看，我們店裡最優秀的員工正是這些『懶漢』，他們懶到連一個多餘的動作都懶得去做。可是，那些勤快的員工，他們整天忙忙碌碌，不在乎把力氣花在多餘的動作上，做一件小事也不在乎多跑好幾趟。比起他們，你們更有效率。」

愛斯基摩人這樣捕狼

狼，是草原民族——蒙古人一生中最強勁的對手。狼具有堅韌、聰明、團結、吃苦耐勞的精神，它們的組織性非常強，在長期的和人類進行抗衡的鬥爭中，它們積累的經驗以及無可比擬的狡猾，經常讓老練的獵人也會在它們那兒栽跟頭。

二〇〇四年，大陸的圖書市場出現了一本暢銷書，書名叫《狼圖騰》。該書作者通過對蒙古草原上狼的生活的描繪，充分展示了狼這種野獸是如何具備和人類歷史上最強悍的民族蒙古人鬥智鬥勇的能力的。

但是，任何一種強大的力量都會有它自己的弱點。在對付狼的問題上，居住在北冰洋地區的愛斯基摩人卻有一套有效的辦法，這個辦法最基本的一點就是利用了狼的貪婪本性。

狼雖然很聰明，但它有一個特點，就是貪婪。我們在成語裡就有一些有關狼的貪婪的表述，比如狼子野心等等。

那麼，愛斯基摩人是如何利用狼的這一特點的呢？嚴冬季節，狼群出於飢餓，需要到野外來捕獵，尋找食物，愛斯基摩人就趁這個機會來捕狼。

狼的聰明，使它能覺察出人下的各種圈套。它能夠聞出鐵器的味道，毒藥對它靈敏的嗅覺來說，也是很不容易起作用的。狼比狗聰明得多，有時狗會被人下的藥毒死，而人們卻從未聽說過狼被毒死的。

狼的疑心很重，而且很有戰術，它們出動的時候就和人類作戰一樣，會派出尖兵和後衛，負責偵察的狼責任心很強，警惕性也非常之高，所以採用埋伏包圍的辦法進行圍殲，一般也難以奏效。

而愛斯基摩人由於掌握了狼的特點，他們採取的辦法並不複雜，具體來說，就是，他們用一把尖銳的刀子，在上面塗上一層動物的血，等血凝住凍住之後，再往上塗第二層血。再讓血凍住，然後再塗……

這樣反覆多次，不久，那鋒利的刀刃就被一層厚厚的血坨給裹得嚴嚴實實，從外表上，不僅看不出刀的形狀，而且一點也嗅不出鐵的氣味。當然，經過這樣處理的刀，最後被埋藏在狼必然經過的地點。

狼來了，它們順著血腥的味道尋找到這裡。在反覆偵察，排除了外在的險情之後，開始放心地舔食起刀刃來。當動物的鮮血的味道在空氣裡瀰漫開來的時候，狼的神經被刺激得越發興奮。它於是越舔越有力，而且越舔越快，自己的舌頭被割破了，也絲毫沒有察覺。

這時候的狼，貪婪的本性已經完全被刺激出來，它絲毫感覺不到舌頭被割破的痛苦，反而由於食物的需求被調動起來後，巴不得一下子就將那空空如也的胃填滿。很快，狼的血流乾了，精疲力竭地倒了下來。可是，至死它也沒弄明白，自己怎麼會搭上性命的。

利令智昏，這是生存、也是經商的一個大忌。猶太人深深知道這一點，所以他們的原則是：適可而止，見好就收。

猶太人這樣教育孩子

有一位猶太富翁就是這樣教育他的兒子。

這位猶太富翁臨終的時候，把兒子叫到跟前，對他說：我死了以後的十年之內，即使你有一千個發財的機會，也千萬要忍著不去做，只有這樣，才能夠守住我給你留下的家業。十年之後，你再放開手腳去幹，到那個時候，我對你的一切就都放心了。

這位富翁這樣叮囑兒子是什麼意思呢？原來，他知道自己的兒子此時尚缺乏應對複雜世事的經驗，他的品行修煉也十分不夠，面對各種誘惑和陷阱，不容易抗拒得住，也不容易分辨得清。常言道，忍字頭上一把刀。做到忍耐是不容易的，可是，這位猶太富翁的兒子聽從父親的勸告，經過十多年的磨練，不斷積累經驗，終於成熟了。他人情練達，處世老到，行動機敏，作風果斷，判斷準確……

具備了這些優點，果然出手不凡。他將父親的事業發揚廣大，最後形成了一個產業托拉斯，集餐飲、百貨、運輸、房地產、娛樂等等項目於一體，所經營的項目竟達百餘種。

千萬要防止「過勞死」

猶太人崇尚的是「錢生錢」，而不是「人省錢」。

有一位猶太人已經70多歲了，卻替自己在芝加哥買下一幢豪華住宅。有人問他：「你這麼大年紀了，買下這幢住宅也享受不了幾年，有這個必要嗎？」可是老人卻反問說：「難道只有幾年時間就不可以享受嗎？」他這句話就和猶太經典裡的話幾乎一模一樣。

猶太經典裡說：即使一個人已經活了很久，也要讓他盡情享受，要記得將來黑暗的日子會多麼漫長。那惟一的將來是一片虛空。

據說，洛克菲勒早年就不懂得這個道理，他在33歲的時候就成為了百萬富翁，但他卻像上足了發條的鐘，拼命不停地掙錢。他的眼裡只有錢，沒有別的，他也幾乎從不考慮別的事情。為了錢，他甚至向來家裡做客的朋友收取住宿費，這一度令他的名聲非常不好。但是，錢並沒有給他帶來更多的東西，就像我們現在有些人說的那樣，當錢積累到一定的程度，一千萬和兩千萬對於使用它的人來說，不會有實質上的區別。洛克菲勒不打牌，不游宴，不為了休閒而外出旅行，他甚至不觀看任何藝術表演。由於將精力過度集中到掙錢上，洛克菲勒的身體過早顯出衰退的跡象，不僅頭髮提前脫落，就連眼睫毛也掉光了，有人在背後說他「看上去像個木乃伊」。

後來，他認識到自己行為的荒唐，便下決心改變自己的形象。他不再吝嗇，也不再為錢而瘋狂。他開始懂得享受美食，也開始注意自己的休息，於是他提前退休，把棒子交給自己的兒子。他學習打高爾夫，整理庭院，和鄰居聊天，尤其是他覺悟到，錢必須有它最佳的去處。他選擇了慈善事業作為自己最後的目標。他的人生坐標改變了，他的形象改變了，他為金錢與人生的關係做出了一份最好的注解。

但是，從世界角度看，許多人並沒有做出洛克菲勒那樣的業績，卻給病理學帶來了一個新的名詞——「過勞死」。

過勞死的現象在日本一度比較嚴重，在西方也流行過。這一類人，他們的奮鬥精神也許值得贊賞，但由於缺乏自我節制，不會調節緊張的情緒，以至於喪失了最寶貴的生命。

說起過勞死，這裡不得不多說兩句。20世紀70、80年代是日本經濟迅速繁榮的重要時期，所謂「經濟起飛」這個詞就是從那個時候來的。經濟的迅速發展，有著各個方面的原因，它使得日本的許多人產生了一種亢奮的工作心態。日本人拼命工作，一點也不注意休息，甚至還嘲笑西方國家的人們那種相較而言近似慢條斯理的工作態度。日本人的這種工作態度固然贏得了世界上一些人的贊揚和誇獎，但是，這種高度緊張和亢奮的工作態勢卻造成了一個很嚴重的社會問題，就是，在那一段時間裡，日本每年都有一萬多人因工作節奏太緊張，勞累過度而猝死。日本人一度引為驕傲的工作態度一時引起了世界輿論的高度關注。

到一九九四年，日本厚生勞動省正式把工作過度列為一種「職業災害」來對待。可是，政府的這種關注並沒有引起那些拼命掙錢、拼命工作的所謂「成功人士」的同等重視，更沒有引起那些正在快速發展的企業的重視。第二年，也即一九九五年，日本12家著名的企業（包括精工、全日空等在內）的總經理在盛年之時，居然紛紛相繼謝世。還有不少死者家屬因為家人的去世而通過法律途徑向用人單位討說法，進行索賠，一時間，在日本企業界引起軒然大波。日本開始制定法律，以制約社會的這種「不正常」現象。

錢是神聖的，但卻不是唯一的

洛克菲勒在上了年紀之後，終於認識到錢儘管是神聖的，但卻不是唯一的。人才是錢的主人，而絕對不能把錢看作人的主人。

他認為，用腦過度或勞累過度，使自己一直處於超負荷的勞動之中，是不明智的；過度的緊張和壓力，會使一個人的身體過早地陷入衰弱。尤其是人一旦上了年紀，各種疾病就會隨之而來，所以，他不光自己依據自己的身體情況隨時調節工作時間，還會主動找一些有關生理健康方面的書籍，或者尋求健康專家，從那兒獲得有益的知識。

他總結出：人的身體器官，就如同機器零件一樣，需要適度的休息和養護，否則會損壞得更快。他說：上帝賦予我們健康的身體，我們就要好好珍惜。他給兒子寫的一封談論這個問題的信，可謂是他個人人生經驗的歸納。由於是寫給兒子的，他毫無隱諱，娓娓道來，字裡行間，語重心長，讀了給人教益頗深。

我們把這封信節錄於下，或許可以讓你得到啟發。

親愛的兒子：

……

我可以總結出一下不良習慣來，供你思考。

首先，很多人有這種習慣，尤其是男人，幾乎每一個小時都會有兩三次把尼古丁和焦油送到肺、血管裡，給自己的呼吸器官乃至整個身體系統造成很大的傷害……

此外，還有人類自己飲食過量、過油膩的壞毛病。的確，美味的東西，能吸引人胃口大開。但是，當你攝入過量的糖分和脂肪時，那些無法消耗的東西，就變成了你身體的負擔，最後導致你的消化系統乃至整個身體過早喪失功能。

你自己每天重負著幾十磅的贅肉，壓力重重；你的以脾胃、心臟為主的身體循環系統，每天承擔著大量的香煙、馬鈴薯、湯肉的分解工作，還有你所喝下的整打整打的啤酒，甚至烈性酒；到了晚上，為了讓自己徹底的放鬆，再來一根煙，一杯酒，一杯咖啡或濃茶，然後熬夜狂歡到凌晨4點……

長此以往，就是鐵打的身體，也會垮下去的。

也許你可能會反問，大多數人都不像我說的那麼極端。但是，過於複雜的食物，如煙草、烈酒、大麻、咖啡因等進入人的體內，就等於慢性自殺。

據我的觀察，即使沒有像我說的那麼極端的人，一般的人，也占到了其中的三、四項，這也不少了。

……

你對「健康壓力論」感到懷疑，我可以理解，因為你還年輕。但還是請你認真地聽我講解：「壓力」一詞，雖然是19世紀的常用語，但它的產生，確實在洪荒泛濫的原始社會開始的。人一出生，就要開始面對各種各樣的壓力因素。現在的年輕人，很容易認為「壓力」是一個新名詞，要知道，居住在洞穴裡的原始人群，為防止野獸的侵害，也面臨巨大的壓力。直到今天，還有千千萬萬的窮人，面臨飢餓與死亡的威脅。而科學家則把壓力當作疾病的起因來研究，並對所有的壓力做了系統的分析。韓斯・西裡夫是最先確定壓力學的學者。

……

某保險公司曾經進行過這樣一個市場調查，對很多超過一百歲的老年人進行採訪，結果得出一個基本規律：工作和休息都應該有一個度，也就是一定量。不管如何，都不要超過這一定的量，否則，就會引起負面作用。

……

開發你所有腦細胞的潛力，確定自己的目標，再動用自己的腦筋去思考和處理問題。你要有能力抑制自己的煩惱，放鬆自己的情緒，使自己的精神得到舒暢，然後頭腦才能變得清晰和犀利。用這樣清醒的頭腦去處理問題，就不會有什麼差錯，甚至還會大大提高效率。

也就是說，你應該在頭腦最清醒的時候思考和處理問題，這樣能找到問題的最佳解決方案，有助於問題的圓滿解決。

使自己精神放鬆的方法有很多，比如沉思、冥想、體育鍛煉、肌肉放鬆、和朋友談笑風生等。經過一段時間鍛煉，慢慢養成科學合理的思考和處事方式，以後不管遇到多麼復雜的問題，你都能以平靜而穩健的心態把問題處理得更加完美。

……

在此，我要特別提醒你，人生的要素，有很重要的一項，就是責任感。當然，你也有選擇的權利，你可以接受責任，也可以逃避責任。但是，根據我的經驗，不願意承擔責任的人，就像一個不能接受考驗的逃兵，他們在自己的人生道路上，是不可能取得什麼成就的。

跟你囉嗦了這麼多，你可能感到厭煩了。

沒關係，這種感覺，在我30歲之前也曾經有過。隨著年齡的增長，就會有所改變。班門第斯里為此曾經說過：「健康是所有人動力的源泉。」而且我認為，職員在我們公司裡，也應該具備幸福健康，這樣才能發揮他們自己的聰明才智。

縱觀以上理由，我希望你有機會的話，盡量參加一些有關壓力的研討會。如果你能聽進去我的這些建議，加入到他們之中，或許就有可能使你長壽20年。

麥那智斯在公元前三百年前就說過：「健康和知識是我們生活在這個世界上所獲得的雙層財富。」而最關鍵的是：你是否關心自己的身體？是否重視健康？

你可以從你周圍的朋友身上，學習到他們所具有的優秀品質，把各種優點寫下來，每天提醒自己，激勵自己向他們學習。

這些內容包括幽默感、忍耐力、堅強的意志、大公無私的品質、大無畏的勇氣、自信、責任感、心胸寬廣、高尚等，在我寫這些條款時，我心中就已經感受到了他們的力量。

現在，我把我所總結的一個對壓力的處理方式的相關經驗，介紹給你做為參考——

輕鬆的心情，清醒的頭腦，清澈透明的心，專注於一件事情，並持續訓練。

幸福是一種成就感。所以你得豁達地處理你的壓迫感，奮勇向前，達到目的，獲取成就感，也獲得幸福。

此外，還有一種減輕壓力的好方法，也很受大家的歡迎，就是找一個遠離人群、遠離喧囂的都市、非常靜謐的地方，做一些爬山、釣魚等活動，陶冶情操，心情就能得到放鬆。

因為，人總是需要休息的。在緊張的時間和狹小的空間裡，人很難取得好的工作效率。

自由自在、心情愉快地度過一天，會讓我們感覺到，即使是上帝的生活，也不過如此。

愛你的爸爸

盡管這封信抄錄得長了一些，但我想，這當中體現了猶太人，尤其是猶太人中最傑出的人物之一洛克菲勒對於生活、身體、金錢和事業等等人生最重要方面的問題的經驗和思考，具有很深的借鑑意義。應當說，它對我們每個人都是會有價值的。

一筆生意，兩頭盈利

節制心的要求，不光是體現在對個人欲望的控制上，還體現在與對手謀求雙贏，而不要爭得兩敗俱傷上。

有兩個這樣的故事。一個是說，一隻獅子和一隻野狼外出尋求獵物，它們同時發現了一隻小鹿，於是兩人商量好，共同去追捕那隻鹿，共同分享這隻鹿。在它們的默契配合下，小鹿很快就陷入走投無路的絕境。野狼此時離小鹿近，它朝小鹿猛撲過去，一下就把小鹿給撲倒在地。而獅子也恰好趕到，它上去朝小鹿的脖子上狠狠咬去，可憐的小鹿當場斃命。

而分享獵物的時候，獅子依仗自己力量大，是獸中之王，便想獨吞獵物。野狼見獅子反悔，當然不肯，它對獅子表示了強烈抗議。

獅子見野狼不服，便痛下殺手。可是這野狼面臨生死關頭，做起了垂死掙扎。它拼出全部力氣和獅子搏鬥，竟然也使獅子身受重傷。野狼死了，而獅子開始醒悟，自己的行為多麼愚蠢：它雖然咬死了野狼，可是自己並沒有得到任何好處，不僅已經到手的小鹿享受不了，自己還不知該怎樣挨過身體的疼痛呢。

還有一個故事與此類似，說的是一匹馬和一隻鹿的事。這匹馬首先發現了一塊肥美的草地，它每天都到這裡來享受美餐。不久，一隻鹿也發現了這塊地方，於是也來這裡覓食。終於，兩隻動物在同一個時間裡遇上了，於是便展開了爭論。馬一心想把鹿趕出去，但鹿卻不聽它的。

這時草地上走來一個人，馬便想借助人的力量將鹿趕跑。人的詭計此時用上了。他對馬說：要我來幫助你趕跑這隻鹿可以，但是鹿跑得那麼快，我追不上它，只有給你套上籠頭，讓我騎在你身上，我們兩個齊心協力，一定能把鹿趕跑。

馬的貪心使它迷了心竅，它答應了人的要求。可是，從此這匹馬便再也擺脫不了籠頭，成為了人的奴隸。

猶太人在商業競爭中，對這種兩敗俱傷的現象了解得很透徹，因此他們一般不會去幹像故事裡的獅子和馬那樣的蠢事。他們中間流行一句話，叫做「一筆生意，兩頭盈利」，意思就是說做買賣最好做到「雙贏」。

在美國，有一家老字號的猶太人銀行，它是一八四四年由德國維爾茨堡移民來美國的亨利・萊曼開創的。起初，他移居美國的時候，和自己的兩個弟弟定居在亞拉巴馬，做的是雜貨生意。亞拉巴馬是個傳統的產棉區，當地農民除了棉花，沒有任何值錢的物品，由於當時商品交易不很發達，他們手裡也缺少現金，購買雜貨無法支付現錢。萊曼兄弟可不死板，他們分析了當地的情況，一改猶太人做生意的傳統，積極鼓勵農民以棉花代替貨幣到他們的雜貨店裡換取雜貨，這樣，他們店裡的銷售量大大增加，而棉農也獲得了實惠。萊曼兄弟將換進的棉花統一租車賣到外地，不僅保障了棉花的收購和銷售價格的穩定，使自己處於商品交換的主動地位，以後再到外面打貨，還避免了放空車的浪費。而棉農們也省去了自己到外面去賣棉花的時間和精力，方便了生產和生活。

第8章

樂善好施，積德造福

——慈善心

現代慈善事業的開創者——洛克菲勒

「愛你的鄰人吧，就像愛你自己一樣。」這是基督耶穌說過的話。耶穌是提倡一種普遍的愛的精神，他甚至說，假如別人打你的左臉，就把右臉也轉過去讓他打；假如別人要拿你的衣服，就連褲子也送給他。耶穌的話，實際上表達了一種博大的慈愛和寬厚品德。

如前面所說過的，猶太人如此善於賺錢，他們所積累的財富遠遠高於世界上其他的民族，他們精明，他們好勝，他們無孔不入，他們斤斤計較，他們節儉到近似吝嗇，他們精明得讓人出乎意料……他們擁有的財富遭來多少妒忌和漫罵。什麼吸血鬼、吝嗇鬼、小氣鬼、貪財鬼等等。

但是，許多人卻不知道，事實上，猶太可以算得上世界上最慷慨大方的民族之一，他們雖然積累了大量的無以倫比的財富，但他們並不像有些人所想像的那樣貪婪，時刻準備把這些財富帶到棺材裡去。他們懂得，財富積攢起來是要發揮它們的作用的，錢不能發揮作用，等於沒有賺來是一個道理。但是，他們不肯將自己辛苦賺來的錢視做糞土任意揮霍，卻一心要讓它們再使用的時候也發揮其最大的價值。錢如何才能發揮最大的價值？就是讓它們流向最需要它們的地方去，也許這個地方與自己以及自己的親屬沒有任何直接的關係。

曾經被譽為「世界首席公民」的億萬富翁洛克菲勒，雖然連平時子女的零用錢也要他們自己付出勞動來換得，但是在資助公益性事業方面，卻十分的出手大方。在他的一生中，經他親手捐獻出去的錢財達5.3億美元，而在他的影響下，他整個的家族一共捐獻給世界10億美元的財富。

洛克菲勒有一句名言：「盡其所能獲取，盡其所能給予。」他在用錢上是極其精打細算的，所以他捐錢也並非不講效益，只圖名聲。他要把他捐出的錢投在最需要的地方。在他所處的時代，古老的東方帝國中國剛剛從封建王朝的腐朽統治下蹣跚地走出來。經過列強的欺凌、軍閥的混戰，這個國家已是千瘡百孔，而人民更是災難深重。尤其是缺醫少藥，成為社會下層人民最大的困擾之一。洛克菲勒所有的捐款都用於醫療教育和公共衛生方面。一九一五年，他組建的洛克菲勒基金會成立了中國醫學委員會，一九二一年，由該委員會負責，在北京建起了中國第一家醫科大學——北京協和醫科大學。這所大學為中國醫學事業做出的成績有目共睹，可以稱得上是卓越而非凡的。沒聽說洛克菲勒曾經到過中國，但他給中國的捐款數額巨大，僅次於給他的祖國美國。

有人說，他的捐助帶來了兩場革命，一是在世界範圍內對傳統的慈善事業的革命。以前，所有有錢人實行捐款，一般更注重的是自己的名聲，所以他們的捐助方式無非是對自己喜愛的團體給予金錢的贊助，或者替某些機構建幾所房子，再鐫刻上自己的名字，以圖不朽。而洛克菲勒改變了這種現實。他要把捐款當作一項真正的事業來做，他圖的不是自己的名聲，而是能夠對世人真正有所幫助。他的這種捐款目的和捐款方式得到全世界的贊揚，並成為以後的慈善家們效仿的樣板。他的行為帶來的第二場革命就是，他在中國這片土地上，徹底扭轉了人們關於醫學和醫藥的觀念，使得原始的醫學和醫療衛生事業開始轉變為與世界接軌的一種全新方式。

除了公共事業外，洛克菲勒在保護世界文化遺產和自然遺產方面也做出了自己的貢獻。他曾經出資修繕法國的凡爾賽宮，設立了阿卡迪亞和格蘭德泰頓國家公園，甚至向紐約聯合國總部捐獻了黃金地段價值千金的地皮……以至於美國一位曾經為一樁案子審理過他的檢察官在洛克菲勒死後說：

「除了我們敬愛的總統，他堪稱我國最偉大的公民。是他用財富創造了知識，捨此更無第二個人，世界因為有了他而變得更加美好。這位世界首席公民將永垂青史。」

仁慈來自上帝的教誨

在波蘭里塞斯庫這個小村莊，有一位猶太人拉比，叫做艾立麥來科。作為拉比，他的經濟情況與村民們相比，當然要好一些。但是，他對窮困的人們心裡存滿了同情，他不認為自己的錢只是供自己享用，他甘願將自己的收入拿出來扶貧濟困，村裡很多孤兒和寡婦都受到過他的接濟。對於來他這兒求學的學生，對那些家境實在不好的免收學費，還贈送給他們書籍。他義務為年輕人操辦婚禮，還為那些人質家庭交付贖金……所以，艾立麥來科拉比在村子裡的威信很高，人人都尊重他。他還負責管理著村裡的捐款基金。

盡管如此，在這個以當地居民為主，居住著異教徒的地方，還是有一些人反對他。他們製造謠言，說他的樂善好施是假象，還說他私下占有基金，要把那些錢獨吞。艾立麥來科拉比自己沒有做虧心事，面對外來的造謠和中傷，他並不去辯解，但是他的學生們深深知道老師的人品。因此，他的一個非猶太人學生給村長寫了一封信，說：「尊敬的村長，托拉比這位有情有義之人的福，我們平民百姓能夠安定地生活。我的個人生活可以說是猶太人生活的一面鏡子。我每天早晨起來祈禱，中午傾聽人們訴說自身的困惑，到了深夜，還要接待絡繹不絕的造訪者……」弟子的信，使村長了解了真實情況，他表示了對拉比的信任和支持，那些造謠者終於沒有了市場。

猶太人何以能走遍天下

猶太人之所以走遍天下，當然與他們的特殊背景有關。由於沒有自己的國家，到處都曾遭受過迫害，到處都有人不分青紅皂白地詛咒和凌辱他們，於是他們學會了以忍為上的做人和做事的行為方式，同時，也有一部分猶太人採用以善為本的經營策略，來取得當地人的諒解和支持，來消除一些人的偏見。

猶太商人史特勞斯，當初只是個商店裡的小小記帳員，後來他一步步努力，竟然成長為美國最大的百貨公司之一的總經理。他事業成功的訣竅之一就是，行善積德，廣種福田，廣造福祉。

他不僅對本公司職工的福利一直保持著關心，而且多次到紐約的貧民窟去走訪、考察。他捐資興建了多家牛奶消毒站，並先後在美國36個城市給嬰幼兒分發消毒牛奶。

為了幫助解決許多貧困家庭撫養孩子的艱難，到一九二〇年的時候，他一共在美國和其它一些國家設立了二九七個施奶站。他於一九〇九年在美國新澤西州建立了第一個兒童結核病防治所……當然，他也不忘記自己本民族的福利。一九一一年，他到巴勒斯坦，替那兒的猶太移民建立了牛奶站、醫院、學校、工廠等福利或經營項目，為本民族的人提供服務。

還有一位猶太商人希爾斯·羅巴克，也是經營百貨公司的，同樣取得了良好的效績。他當年起步時的投資是三萬七千五百美元，而30年以後，他的資產增值到了一億五千萬美元。具有如此巨額的資產，他並沒有打算把它們全部留給子孫，而是廣泛開展慈善事業。

他為美國南方一些貧困地區建立鄉村學校，出資二百七十萬美元幫助解決芝加哥黑人的住房問題，他還為28個城市的「基督教青年聯合會」捐款，向芝加哥大學、芝加哥科學和工業博物館贈款打五百萬美元。一九一七年，他創立朱利葉·羅森沃爾德基金會，提供的基金總額為三千萬美元……

猶太人的善舉，當然贏得了人們的贊譽。他們企業的知名度在提高，影響面在擴大，營業額在增長，信譽和效益在同步發展。而幫助地方發展公益事業，也使得一些地方的政府十分滿意，並對他們的行為給予褒獎。比如在英國的羅斯柴爾德家族就有人被英國王室授予勳爵爵位，有些猶太人還因此而獲得當地政府所給予的開礦、修路、開發房地產等行業的特許和優惠條件，從而拓寬了賺錢的路子。

不過，慈善事業固然能給經商帶來更好的發展前景，但這並不完全是一個相輔相成的對等關系。以經濟回報為唯一目的的行善，並不是真正的行善；而行善帶來的好處又往往並不局限於經濟收益。

我們從《塔木德》的教誨中可以看出猶太人行善的真正目的：

肉越多，蛆越多。
財產越多，憂慮越多。
妻子越多，魔法越多。
婢女越多，不貞越多。
男僕越多，搶劫越多
……

一個雞蛋能抵消所有的罪過嗎

有一個猶太故事說，從前，有一個人十分的吝嗇，對待別人也很刻薄，大約平時自己也是過分節省的。這一天，他快要死了，他的家人見他已經多日沒吃什麼東西，都勸他多少吃一點才好。他想了想，說：「你們給我煮一個雞蛋，我就來吃好了。」

雞蛋煮好了，家人將蛋殼剝去並送到他手裡。他正要吃的時候，家門口走來一個乞丐，要討口飯吃。或許是人之將死，其言也善，他對家人說：

「把我手裡的雞蛋給那個窮人吧。」

臨終的時候，他的兒子問他：

「父親，你將去的地方會是個什麼樣的？」

那人回答：「要以實際行動行善，那樣，你就會在你將要去的世界裡有一席之地。我終身都沒有行過善，可是，剛才那一個雞蛋卻能夠抵消我所犯下的罪過。我相信，我將要為天堂接納了。」

當然，這個人施捨這個雞蛋的時候，一定是出於臨終前的大徹大悟，決不是一種向上帝的討價還價，要不然，他不可能產生那種將為天堂接納的信心。盡管他的行為晚了一些，而且他的施捨也微不足道，可是，在猶太人看來，只要有了慈善心，不管你捐獻了多少，都會得到上帝的肯定。

慈善事業不分國界

猶太人進行慈善事業是不分國界、不分民族的。在遭受納粹迫害的年代，猶太人當中的一些志願者成立了移民協會。由於當時大量的猶太人主要是向美國移民（像是20世紀最卓越的科學家愛因斯坦，就是從德國移民到美國的），所以這個協會設立在美國。

當第二次世界大戰結束後，納粹迫害猶太人的暴行成為了歷史，猶太人移民協會原本的使命也就正式完成。但是，這個協會並沒有就此解散，而是繼續工作，幫助別的民族中需要救助的人們。

比如，不久就在美國的鄰國古巴發生了政權顛覆的動亂，大批的難民從古巴來到美國，猶太人移民協會開始把援助之手伸向這些難民。後來，匈牙利又發生了武裝動亂，有一些人從這個國家逃出，進入美國，猶太人協會便出面對他們進行安置和幫助。

我們還是來談洛克菲勒。除了幫助中國的醫療衛生事業（在北平創立協和醫院），洛克菲勒對於美國的黑人也做出了很大的貢獻。他曾捐出一筆巨款給塔斯基古黑人大學，以幫助完成黑人教育家華盛頓•卡文的意願。

要知道，洛克菲勒所處的時代，美國的種族歧視還很嚴重，一般美國白人還是將自己這個種族看得比其他種族更高一等，特別是比黑人要高一等。猶太人雖然屬於白色人種，但作為飽經憂患與備受凌辱的民族，他們的意識當中，對於種族歧視是並不十分認同的。洛克菲勒的行為，很自然地代表了猶太人的心理傾向。

當時，有一種腸道疾病嚴重威脅著許多生活貧困的人們的生命健康，這種疾病是由十二指腸蟲引起的。著名醫學博士史太爾發明了消滅十二指腸蟲的藥品，但由於患這種病的人許多連衣食都困難，拿不出餘錢買藥。

史太爾博士憂心忡忡地發出呼籲：

只要5美分的藥品，就可以為一個人治愈這種病！

——可是誰會捐出這5美分呢？

洛克菲勒挺身而出，他正是捐出這5美分的人。

正是在進行了這次捐助以後，洛克菲勒發現了使用自己巨大財富的一種最有效的方式。洛克菲勒國際基金會正式成立，它的宗旨是：致力於消滅世界各地的疾病、文盲和無知。

在對別人進行捐助和幫助的時候，猶太人的財富當然起到了很大的作用。但是，即使那些並不富裕的猶太人甚至是處於貧困狀態的猶太人，在對於慈善的態度上也是很乾脆利落的。

居住在布魯克林區的麥歐爾，養了6個孩子。他憑在工廠做工的收入，生活當然很拮據，必須靠加班才能維持一家人的生計。可是在一次捐助活動中，他毅然將自己一個月的加班費全部捐了出去。他說，只要是為了自己民族的利益，任何人都應該不遺餘力。

猶太的窮人即使本身在接受別人幫助。可是，他們也會留下十分之一的金錢來幫助比他們更困難的人。由於這種助人助己的精神，讓猶太民族的聚合力更加了不起！

財富的福音

與洛克菲勒差不多同時代，有一個大名鼎鼎的企業家兼慈善家，他的名字叫安德魯・卡耐基。卡耐基賺錢的本領與他那個時代最出色的富豪們不相伯仲，但他對於金錢的認識顯然更勝一籌。在他的企業如日中天的時候，他將它全部轉讓給摩根集團，把屬於自己的那部分股份拿出來，成立了卡耐基基金會。他專門為金錢該如何使用寫了一本專著，名字叫做《財富的福音》。在這本書裡，他反覆闡明了他的思想，也可以說是他的理想，就是要讓金錢能夠對社會產生最佳效果。他的幾個最主要的觀點如下：

1．富人對於社會有著不可推卸的責任；
2．他和自己的家人應當過「恰如其分」的而不是鋪張浪費的生活；
3．財富本來就屬於社會，把本該屬於社會的錢捐獻出來造福社會，是富人的最佳選擇；
4．散財和聚財同樣需要高超的能力，才能夠取得最佳的社會效果。
5．解決貧困和貧富懸殊的問題，不能單純靠救濟，不能獎勵懶漢，要幫助窮人自立，才有利於社會進步；
6．公益事業中，教育和健康為其中最重要的方面。

所有的好事，
最好在活著的時候做

以前許多人要把自己的錢捐獻出去，或者要進行某項帶有慈善性質的事業，往往採用立遺囑的方式，就是說，他準備捐出去的錢，要等他死後再開始發揮效用。

從洛克菲勒在生前的作為可以看出，猶太人在這件事的處理上要聰明得多。他們不等到自己死後才讓金錢為自己的慈愛之心煥發光芒，而是在生前就能夠親眼看見金錢是如何為人類共同的事業發揮作用的。

有這樣一個故事，能說明人們在這件事上的態度。

從前，就一個國王，他公正、善良，對百姓很愛護。當然，做為一個國王，他同時也很富有。到了他年邁的時候，國王準備把王位讓給自己的兒子，並對兒子說：

「兒子啊，你來接替我的位置吧，包括我所有的財富，它們也將都成為你的。不過，我希望我留下的這些財富將來能夠施捨給國內那些窮人，好讓他們永遠懷念我的靈魂。這件事，你一定要等我死了以後再辦吧！」

兒子繼承了父親的王位，也聽從了父親的教導。他像父親那樣公正、善良，對百姓懷有一顆慈愛之心。

不過，他卻有一個讓人看不懂的舉動，就是每當他夜間騎馬外出的時候，都要點上一盞燈籠，而他點的燈籠不是放在馬前的位置探照路面，而是放在馬屁股後面，跟隨著自己。

宮廷內的臣屬們十分奇怪，卻又不敢詢問其中的原因。

這一天，老國王向宮中的人問起新國王執政的情況，大家都對新國王的勤快行事風格以及品德都讚不絕口。

但是，大家也把新國王那個怪異的舉動告訴了老國王，都說不知道新國王這樣做想表達什麼意思？

老國王於是把兒子叫到自己跟前，對他說：

「親愛的兒子，我已經聽到了許多關於你執政的好話，都說你做得挺不錯。很好啊兒子。不過，我還要問你一句話，既然你經常在晚上騎馬出行，點起燈籠照照路面當然不錯，可是，燈籠放在前面不是比放在馬後面照明的效果更好嗎？」

兒子必恭必敬地回答說：

「敬愛的父親，對您的關心我很感謝。不過，既然您問到這件事，我不能不告訴你我的真實想法，就是，你給我留下這麼多錢財，我以為要把它們施捨給窮人，不如趁您還在世的時候就做。如果等到您百年之後再施捨的話，其效果不就等同於在馬的後面打燈籠嗎？」

父親一聽，恍然大悟，覺出了兒子對自己的愛心，也感到他的意見十分正確。於是更改自己的指令，並感慨地說：

「所有的好事，最好是在活著的時候做！」

給予，也是一種幸福

「給予，也是一種幸福！」

——這是猶太人在慈善事業中所獲得的一種經驗。

當然，我們談了許多猶太人在這方面的例子，並不是說別的國家、別的民族就沒有這種高尚的行為和表現。對別人的無私的愛，會給自己帶來幸福，帶來快樂，甚至帶來健康的人格和成功的人生，這其實也是各個國家、各個民族的人民所具有的一種普遍經驗。

在某個歐洲國家，有一位成功的女性，她一共擁有三家較大規模的酒店。當別人問起她如何獲得成功的時候，她的回答頗為令人意外，但卻讓大家都很感動。

她說，她之所以能取得今天這樣的成功，是與少年時的一次經歷分不開的。那還是在她讀書的時候。那時，她的父親所在的工廠倒閉，只能回家，而哥哥也失去了工作，全家只能靠母親一個人替別人做衣服來維持生計。勞累的母親心情總是不那麼好過。

有一次，母親生病了，沒法再做衣服，家裡的收入來源便也暫時斷絕了。由於沒有錢，電力公司在她家開始拖欠電費之後，停了他們家的電，然後，煤氣公司又停了煤氣，最後，自來水公司要來停水，只是在公共衛生部門的干預下，才沒有把他們家的水停掉。

也許是「少年不知愁滋味」吧，這一天，她興沖沖地放學回家，一進家門就嚷開了：「老師要我們每個同學明天都帶些東西到學校去，捐給那些最困難的人，幫助他們度過難關！」

母親聽了，立刻高聲說道：「我不知道還有比我們更窮的人家！」就在這時，她的外婆攔住母親，說了一聲：「咱們家裡不是還有剛剛做好的一罐果醬嗎？就讓孩子拿去好了。」

外婆說完，回過頭來開導母親：「如果你讓孩子從小就把自己當做窮人，那她一輩子都會是個窮人。她會消極、會悲傷，會永遠等待著別人的幫助而很難自己振作起來。一個人只要還有力量去幫助別人，他就會變得十分是富有了。」

說完這些話，外婆不知從哪兒找出一張漂亮的紙和一根絲帶，將家裡唯一的那罐果醬包紮好，讓她第二天帶到學校去。當她把家裡的果醬送給那些急需幫助的窮人時，她的心情是自豪而歡快的。

正是從那個時候起，她懂得了一個道理：如果你不想要別人的幫助，你就必須發奮工作；而如果你想幫助別人，你就必須努力創造出這樣的條件。

「有錢是好事，但知道如何使用更好！」《塔木德》如是說。

慈善是做人的本份

《塔木德》記載了這樣一個故事：

有一家農戶是當地最慈善的人。對於猶太人的事業，他絲毫也不吝惜，每年都要拿出自己收成的一部分捐獻給拉比和他們所在的學校。

有一年，他的莊園遭受到天災，所有的農田、果樹和牲畜，不是被風暴摧毀就是被瘟疫襲擊，總之，幾乎是顆粒無收。而他過去借過一些債。債主們喜歡借錢給他，因為他總是很守信用地歸還，可是這回聽說他遭了災了，債主們的態度卻發生了變化。他們紛紛來到他家，把他家裡的財產全部扣押了下來，只留下一小塊土地供他養活一家老小。別人都替他惋惜，但他卻十分泰然地說：

「唉，這是神的旨意啊。這些家業本來就是神賜予的，現在神要奪回去，又有什麼可說的呢！」

有位拉比不知道他家裡遭了災，還是像往常一樣來到他家。見他家已經變得一貧如洗，都很同情地說些寬慰的話。可是他和妻子卻帶著歉意說：

「過去我們能為學校盡一份力，為老人和窮人的孩子捐獻一些錢，今年實在沒有能力了，實在遺憾！」

這個猶太人和他的家庭把無償地捐獻看成是自己的本分，即使在最困難的時候，他們仍不覺得在捐獻的問題上自己「不應該」，而是「應該」，只是此時再也沒有能力罷了。

還有一個故事，是說有一個猶太人繼承了家裡的一筆財富。在安息日的前夜，他就開始為安息日當天日落時的食物做準備了。可是他臨時出門，路上遇到一個窮人，那個窮人伸出手，向他乞討一些錢，說是要用來購買安息日所需的食物。

這個人對神很虔敬，他見眼前這個乞討的人到現在才來準備安息日的食物，認為他是在欺騙自己，於是很生氣地斥責了他，而且拔腿就走。

回到家裡，他告訴妻子在路上的事，妻子對他說：

「這可是你錯了。因為你從來沒有品嘗過貧窮的滋味，對於窮人的狀況沒有概念。我是在窮人家裡長大的，我記得小時候，家裡經常在安息日的最後一刻，還眼巴巴地等待著父親回來，因為他正為家人四處尋找哪怕一點點麵包。不是那個窮人不敬神，實在是因為他太窮了。你今天沒有施捨他，你就對他有罪。」聽了妻子的話，這個人趕緊出門，尋找到那個窮人，給了他豐富的食物，並懇請他的寬恕。

施比受更有福。

施捨越多，福報越厚！

國家圖書館出版品預行編目資料

猶太人致富定律，褚兢著，
初版-- 新北市：新視野 New Vision，2020.8
面；　公分 --
ISBN 978-986-99105-3-8（平裝）
1.成功法　2.理財　3.猶太民族

177.2　　109007232

猶太人致富定律

作　　者　褚兢
出　　版　新視野 New Vision
製　　作　新潮社文化事業有限公司
電話：(02) 8666-5711
傳真：(02) 8666-5833
E-mail：service@xcsbook.com.tw

印前作業　菩薩蠻有限公司
印前作業　福霖印刷有限公司

總 經 銷　聯合發行股份有限公司
新北市新店區寶橋路 235 巷 6 弄 6 號 2F
電話 02-2917-8022
傳真 02-2915-6275

初版一刷　2020 年 9 月